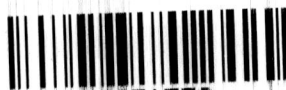

BASES CONSTITUCIONALES DEL DERECHO ADMINISTRATIVO Y DEL PROCESO CONTENCIOSO ADMINISTRATIVO EN REPUBLICA DOMINICANA

ASOCIACIÓN DOMINICANA DE
DERECHO ADMINISTRATIVO

(ADDA)

BASES CONSTITUCIONALES DEL DERECHO ADMINISTRATIVO Y DEL PROCESO CONTENCIOSO ADMINISTRATIVO EN REPUBLICA DOMINICANA

ALLAN R. BREWER-CARÍAS

VÍCTOR HERNÁNDEZ MENDIBLE

Colección "**Estudios de Derecho Administrativo**"

Volumen I

Editorial Jurídica Venezolana International

2014

©   Allan R. Brewer-Carías, Víctor Hernández Mendible 2014
Asociación Dominicana de Derecho Administrativo
Depósito Legal: lf54020143403585
ISBN: 978-980-365-274-6

Edición por: Editorial Jurídica Venezolana
Avda. Francisco Solano López, Torre Oasis, P.B., Local 4, Sabana Grande,
Apartado 17.598 – Caracas, 1015, Venezuela
Teléfono 762-25-53 / 762-38-42/ Fax. 763-52-39
Email fejv@cantv.net
http://www.editorialjuridicavenezolana.com.ve

Impresión: Lightning Source, a INGRAM Content company
Distribución por: Editorial Jurídica Venezolana International Inc.
Panamá, República de Panamá.
editorialjuridicainternational@gmail.com

Diagramación, composición y montaje por: Francis Gil, en letra
Book Antiqua 12,5 Interlineado Single, Mancha 18 x 11,5

Libro: 22,9 x 15,2 cm 6 x 9 inch

CONTENIDO

LAS BASES CONSTITUCIONALES DEL DERECHO ADMINISTRATIVO EN LA REPÚBLICA DOMINICANA

Allan R. Brewer-Carías

LOS PRINCIPIOS DEL PROCESO CONTENCIOSO ADMINISTRATIVO EN LA CONSTITUCIÓN DE REPÚBLICA DOMINICANA

Víctor Rafael Hernández-Mendible

PRESENTACIÓN

En septiembre del año 2013, la Asociación Dominicana de Derecho Administrativo (ADDA) y la Fundación Institucionalidad y Justicia (FINJUS) auspiciaron la celebración del *XI Foro Iberoamericano de Derecho Administrativo* (FIDA) que reunió, durante una semana, en la ciudad de Santo Domingo de Guzmán, República Dominicana, a medio centenar de destacados profesores Iberoamericanos de Derecho Administrativo.

Como parte de las actividades del FIDA tuvo lugar un Congreso Internacional de Derecho Administrativo dedicado al Dr. Raymundo Amaro Guzmán, destacadísimo hombre público dominicano y sin lugar a dudas el más importante propulsor del desarrollo del Derecho administrativo en la República Dominicana.

Entre los profesores participantes, los venezolanos Allan R. Brewer-Carías y Víctor Hernández Mendible, tuvieron el detalle de escoger como temas para sus respectivas intervenciones, un análisis del derecho administrativo y del proceso contencioso administrativo a la luz de la Constitución dominicana del 26 de enero del año 2010.

El fenómeno de la constitucionalización del derecho es una realidad en prácticamente todo el mundo, por lo que resulta fundamental para el adecuado estudio e interpretación de cualquier rama de las ciencias jurídicas acudir a los principios, valores y reglas plasmadas en la Constitución de cada país.

En la República Dominicana, el nuevo texto fundamental del Estado, por vez primera en nuestra historia constitucional, recoge la regulación básica sobre los grandes temas del Derecho Administrativo, tales como, los principios de actuación administrativa, la organización administrativa, la función pública, el procedimiento administrativo, los servicios públicos, la regulación de actividades económicas de interés general, las sanciones administrativas, la responsabilidad de los entes públicos y sus funcionarios, así como lo atinente al control jurisdiccional de la Administración a través de una jurisdicción especializada dentro del Poder Judicial.

Es por ello que para la Asociación Dominicana de Derecho Administrativo resulta de particular satisfacción iniciar la serie de publicaciones "**Estudios de Derecho Administrativo**" con el libro **BASES CONSTITUCIONALES DEL DERECHO ADMINISTRATIVO Y DEL PROCESO CONTENCIOSO ADMINISTRATIVO EN REPUBLICA DOMINICANA** que recoge las ponencias de los profesores venezolanos antes mencionados, como una forma de testimoniarle nuestra gratitud por este aporte invaluable para la comprensión de esta importante disciplina del Derecho público, cuyo desarrollo resulta fundamental para la realización de los derechos fundamentales de las personas, y en definitiva, la concretización del Estado Social y Democrático de Derecho que proclama el artículo 7 de la Constitución dominicana.

Olivo A. Rodríguez Huertas
Presidente
Asociación Dominicana de
Derecho Administrativo
(ADDA)

LAS BASES CONSTITUCIONALES DEL DERECHO ADMINISTRATIVO EN LA REPÚBLICA DOMINICANA

Allan R. Brewer-Carías

I. INTRODUCCIÓN

Como lo hemos expresado en otro lugar[1], uno de los signos más característicos del derecho administrativo en el mundo contemporáneo es el de su progresiva constitucionalización. Esto ha implicado, además, que en el campo del derecho constitucional, las Constituciones mismas hayan superado su tradicional contenido orgánico/dogmático relativo a la organización básica del Estado y al régimen de los derechos y garantías constitucionales, y cada vez con mayor frecuencia hayan venido incorporado a su normativa, los principios básicos de la organización y funciona-

---

1   Véase Brewer-Carías, A. R.: "Marco constitucional del derecho administrativo," en *Revista Iberoamericana de Derecho Público y Administrativo,* Asociación e Instituto Iberoamericano de Derecho Administrativo Prof. Jesús González Pérez, Colegio de Abogados de Costa Rica, Año 9, N° 9, San José, 2009, pp. 127-153; "Bases constitucionales del Derecho Administrativo en Venezuela" en *Archivo de Derecho Público y Ciencias de la Administración. El Derecho Público en Venezuela y Colombia*, Vol. VII, 1984-1985, Instituto de Derecho Público, Facultad de Ciencias Jurídicas y Políticas, Universidad Central de Venezuela, Caracas 1986, pp. 215-231.

miento de la Administración Pública y de la actividad administrativa de los órganos del Estado.

Por ello, con razón, en el derecho público contemporáneo se puede hablar de la existencia de unas bases constitucionales del derecho administrativo, las cuales, en el caso de la Constitución de la República Dominicana del 26 de enero de 2010, se conforma por los siguientes principios fundamentales: en *primer lugar*, el principio de la legalidad, que en particular se fundamenta en la supremacía constitucional; en *segundo lugar*, el principio de la formación del derecho por grados, asegurando la sumisión de los órganos del Estado y en particular, de la Administración Pública, al ordenamiento jurídico; en *tercer lugar*, el principio de la distribución territorial o vertical de los poderes públicos en la organización del Estado y las diversas personas jurídicas estatales; en *cuarto lugar*, el principio de la separación orgánica u horizontal de los poderes públicos y la conformación de los diversos órganos constitucionales del Estado; en *quinto lugar*, el principio el carácter inter orgánico de la Administración Pública; en *sexto lugar*, los principios constitucionales de la actividad administrativa como actividad del Estado; en *séptimo lugar*, el principio del ejercicio inter orgánico de las funciones del Estado y, en particular, de la función administrativa; en *octavo lugar*, el principio del carácter inter funcional de los actos estatales y, en particular, de los actos administrativos; en *noveno lugar*, el principio de la universalidad del control judicial de los actos estatales tanto por la Jurisdicción Constitucional como por la Jurisdicción Contencioso Administrativa; y en *décimo* lugar, el principio de la responsabilidad del Estado y de los funcionarios.

II. EL PRINCIPIO DE LA LEGALIDAD Y LA SUPREMACÍA CONSTITUCIONAL

El derecho administrativo está montado sobre el principio de legalidad, de manera que puede hablarse del mismo cuando los órganos del Estado que conforman la Administración Pública o que realizan la función administrativa están sometidos al derecho, y particularmente, al derecho destinado a normar sus actuaciones.

El principio de legalidad es, por tanto, el primero de los principios del derecho administrativo que han sido constitucionalizados como consecuencia de la concepción del Estado como *Estado de derecho* o Estado democrático y social de derecho (Art. 7, Constitución), lo que implica la necesaria sumisión de sus órganos y entes al ordenamiento jurídico, el cual está compuesto por la propia Constitución, que tiene aplicación directa como norma, por las leyes, por los tratados internacionales ratificados que rigen en el ámbito interno una vez publicados de manera oficial (art. 26.2) y, además, por el conjunto de reglamentos y actos normativos dictados por las autoridades competentes[2].

El primer elemento del principio de la legalidad, por tanto, es el de la "supremacía de la Constitución," que la Constitución dominicana ha regulado en forma expresa en su artículo 6, al disponer que la misma es "norma suprema y fundamento del ordenamiento jurídico del Estado," a la cual están sujetas "todas las personas y los órganos que ejercen potestades públicas", constituyendo uno de los deberes fundamentales de las personas el "acatar y cumplir la Constitución y las leyes, respetar y obedecer las autoridades establecidas por ellas" (art. 75.1). En la Constitución, además, se atribuyó a los tratados, pactos y convenciones relativos a derechos humanos, suscritos y ratificados por el Estado dominicano, "jerarquía constitucional" disponiéndose que "son de aplicación directa e inmediata por los tribunales y demás órganos del Estado".

---

2   Véase Moles Caubet, A.: *El principio de legalidad y sus implicaciones,* Universidad Central de Venezuela, Facultad de Derecho, Publicaciones del Instituto de Derecho Público, Caracas, 1974.

Como complemento de la supremacía constitucional, la Constitución dominicana, además, incorporó en su propio texto el principio de lo que Hans KELSEN llamó la "garantía objetiva de la Constitución" al declarar que "son nulos de pleno derecho toda ley, decreto, resolución, reglamento o acto contrarios a esta Constitución".

Todos los órganos del Estado que ejercen los poderes públicos, por tanto, están sometidos a la Constitución, siendo sus atribuciones "únicamente las determinadas" en ella y en las leyes (art 4), lo que se ratifica, por ejemplo, respecto del Poder Judicial, al disponer el artículo 149.II que los "tribunales no ejercerán más funciones que las que les atribuyan la Constitución y las leyes." En relación con los órganos que conforman la Administración Pública, por otra parte, el artículo 138 de la propia Constitución también dispone que la misma debe realizar su actuación "con sometimiento pleno al ordenamiento jurídico del Estado".

Por tanto, conforme a este principio de sumisión al ordenamiento jurídico de todos los órganos que ejercen los poderes públicos y, en particular, de los que conforman la Administración Pública, que es el principio de legalidad, todas las actividades de los órganos y entes del Estado, y de sus autoridades y funcionarios, deben realizarse conforme a la Constitución, a las leyes, tanto orgánicas como ordinarias (arts. 112, 113), a los tratados y a todas las otras fuentes del derecho que les sean aplicables en su actuación, dentro de los límites establecidos por las mismas. Toda actuación contraria a la Constitución, a la ley o a alguna otra fuente del derecho administrativo vicia la actuación de ilegalidad. Por ejemplo, como lo indica la Constitución específicamente al proteger la función pública, declarando que "La separación de servidores públicos que pertenezcan a la Carrera Administrativa en violación al régimen de la Función Pública, será considerada como un acto contrario a la Constitución y a la ley" (art. 145). Y todo acto estatal contrario al ordenamiento jurídico, lo hace susceptible de ser impugnada ante los tribunales competentes que ejercen el control de constitucionalidad (art. 185) o de legalidad de los actos estatales (art. 165.2).

III. EL PRINCIPIO DE LA FORMACIÓN DEL DERECHO POR GRADOS

Ahora bien, en relación con el principio de legalidad, en el ordenamiento jurídico dominicano se pueden distinguir, por una parte, las normas que integran la Constitución en sí misma, como derecho positivo superior; y por la otra, las normas que son sancionadas por alguno de los órganos que ejercen los poderes públicos con poderes derivados de la Constitución. En otras palabras, particularmente en un sistema como el dominicano, con Constitución escrita, se establece una distinción: primero, entre la norma constitucional en sí misma, y las normas (básicamente las leyes) o los actos dictados en ejecución de sus disposiciones; segundo, entre ese primer nivel de ejecución de la Constitución que está básicamente conformado, desde el punto de vista normativo, por la legislación y las normas dictadas en ejecución de la misma, particularmente los reglamentos; y tercero, los demás actos y normas dictados en ejecución del conjunto normativo que deriva de los dos primeros niveles de ejecución de la Constitución, donde están generalmente los actos administrativos.

Se puede decir, por tanto, que las normas que integran el ordenamiento jurídico de la República Dominicana, partiendo de la Constitución, se organizan en forma jerárquica, de manera que existen normas en un nivel superior que siempre prevalecen sobre otras normas de nivel inferior. Se trata del principio de la formación del derecho por grados, también derivado de las ideas de Hans KELSEN sobre los sistemas jurídicos como una jerarquía de normas, lo cual permite determinar la relación jerárquica que existe entre el conjunto normas o de reglas de derecho que forman el ordenamiento[3].

Ello implica que en el análisis global del ordenamiento jurídico se puede establecer una distinción entre aquéllos actos de los órganos del Estado, que ejercen los poderes públicos, que se dictan en ejecución directa e inmediata de la Constitución, es decir, que son dictados directamente en ejercicio de potestades constitucionales; y aquéllos cuya ejecución no está directamente relacionada con la Constitución, y que se dictan en ejercicio directo de poderes y competencias establecidos en normas de derecho inferiores a la Constitución. Estos son los actos de ejecución directa e inmediata de la legislación, y de ejecución indirecta y mediata de la Constitución[4].

Los primeros, es decir, los actos realizados en ejecución directa e inmediata de la Constitución, precisamente por ello, sólo están y pueden estar sometidas a lo que dispone el texto fundamental, no teniendo el Legislador, en general, competencia para regularlas mediante leyes; y los segundos, en cambio, son los actos realizados en ejecución directa e inmediata de la legislación, e indirecta y mediata de la Constitución, las cuales, precisamente por ello, además de estar sometidos al texto fundamental (como toda actividad estatal), están sometidos a las regulaciones establecidas, además de la Constitución, en las leyes y en las otras fuentes del derecho.

---

3   Véase Kelsen, H.: *Teoría pura del Derecho,* Buenos Aires 1981, p. 135.

4   Véase sobre el sistema jerarquizado o graduado del orden jurídico en el orden constitucional venezolano Brewer-Carías, A. R.: *Derecho Administrativo,* Tomo I, Ediciones de la Facultad de Derecho, Caracas, 1975, pp. 373 y ss.; *Instituciones Políticas y Constitucionales, Tomo VI (Evolución Histórica del Estado),* Universidad Católica del Táchira-Editorial Jurídica Venezolana, Caracas,-San Cristóbal 1996, pp. 107-117.

Los primeros, por otra parte, dada la ejecución directa e inmediata de la Constitución, sólo están sometidos al control de constitucionalidad a cargo de la Jurisdicción Constitucional que corresponde al Tribunal Constitucional (Arts. 184, 185); los segundos, en cambio, están sometidos al control de constitucionalidad y de legalidad que corresponden a las otras Jurisdicciones del Poder Judicial, tanto a las ordinarias, como sucede con las apelaciones y la casación en lo que concierne a la actividad judicial; como a la Jurisdicción Contencioso-Administrativa (Arts. 165) y la jurisdicción contencioso electoral (art. 214) cuando se trata de actividades administrativas.

En cuanto a los actos sometidos al control de la Jurisdicción Constitucional, en la enumeración del artículo 185.1 de la Constitución, puede decirse que sólo las "leyes" dictadas por el Congreso Nacional tienen siempre el carácter de ser actos dictados en ejecución directa e inmediata de la Constitución (art. 93.1). En cuanto a los "decretos, reglamentos, resoluciones y ordenanzas" que se enumeran en dicha norma, en cambio, sólo están sometidos al control del Tribunal Constitucional aquellos dictados por los órganos constitucionales en ejecución directa e inmediata de la Constitución.

Los otros decretos, reglamentos, resoluciones y ordenanzas dictados en ejecución directa de la legislación (y sólo indirecta de la Constitución), junto con las demás decisiones o "actos, actuaciones y disposiciones de autoridades administrativas" (art. 165.2), están sometidos al control de la Jurisdicción Contencioso Administrativa. Por tanto, las actividades administrativas, por esencia, constituyen actividades estatales que se realizan siempre en ejecución directa e inmediata de la legislación y, por tanto, en ejecución indirecta y mediata de la Constitución. Precisamente por ello, se dice que los actos administrativos son esencialmente de carácter sublegal, pues están sometidos no sólo a la Constitución sino a la ley, y por eso es que su control corresponde a la

Jurisdicción contencioso administrativa y en su caso, a la Jurisdicción contencioso electoral (art. 214).

De lo anterior resulta, que toda actividad administrativa, ante todo, desde el punto de vista formal, es siempre una actividad que es de carácter sublegal, es decir, de ejecución directa e inmediata de la legislación y de ejecución indirecta y mediata de la Constitución. Por supuesto, también las actividades judiciales son siempre de carácter sublegal, siendo la diferencia entre una y otra, entro otros múltiples factores, fundamentalmente de carácter orgánico, en el sentido de que las actividades judiciales siempre las realizan órganos autónomos e independientes en ejecución de la función jurisdiccional, como lo son los órganos que ejercen el Poder Judicial. En cambio, las actividades administrativas son dictadas siempre por órganos jerarquizados, es decir, que responden al principio de la jerarquía (art. 138, 170).

En contraste con la actividad administrativa y con la actividad de los órganos judiciales que son siempre de rango "sublegal," están todos los otros actos de los órganos constitucionales que se consideran como de rango "legal" (es decir, rango que en relación con la Constitución es similar al que tienen las leyes) y que son los que se dictan en ejecución directa de la Constitución. Entre ellos están, primero, las leyes dictadas por el Congreso Nacional (art. 93.1), pero también están todos aquellos actos parlamentarios que aún cuando no tienen "forma de ley," se dictan en ejecución directa de la Constitución, como por ejemplo, los *interna corporis,* dictados en ejercicio de sus atribuciones privativas, por el Senado (art. 80) y por la Cámara de Diputados (art. 83), y muchos actos dictados en ejercicio de sus atribuciones vinculados con la legislación (por ejemplo, art. 93.1, literales: e, f, ñ, p, k) o en "materia de fiscalización y control" (art. 93.2). El Congreso, por otra parte, también adopta actos administrativos de rango sublegal, por ejemplo, en materia de administración de su personal (función pública), que por ello están sometidos al control de legalidad por parte de la jurisdicción contencioso administrativa.

Los actos de gobierno, es decir, los actos dictados por el Presidente de la República en ejercicio directo de atribuciones constitucionales,[5] y que por tanto, tienen su fuente normativa en la Constitución de manera que no pueden estar regulados o limitados por el Congreso mediante leyes (art. 93.1.q), tienen el mismo rango de ejecución directa de la Constitución que las leyes, y por ello, el control jurisdiccional que se ejerce sobre ellos es sólo un control de constitucionalidad a cargo del Tribunal Constitucional. Es el caso, por ejemplo, de los actos dictados por el Presidente de la República en ejercicio de algunas de sus atribuciones como Jefe de Estado (por ejemplo, art. 128.1, literales c, g, h, l). En cuanto a los actos dictados por el Presidente de la República, en los cuales ejecuta básicamente disposiciones legales, los mismos por su carácter sublegal, son actos administrativos y están sometidos al control de la Jurisdicción contencioso administrativa.

Otros "órganos constitucionales" previstos en la Constitución de la República Dominicana, precisamente por tener tal carácter (art. 275), también pueden dictar actos de ejecución directa de la Constitución cuando ejercen atribuciones directamente asignadas en la Constitución. Es el caso, por ejemplo, del Consejo Nacional de la Magistratura, el cual conforme al artículo 179 de la Constitución, tiene la función de designar a los jueces de la Suprema Corte de Justicia, del Tribunal Constitucional y del Tribunal Superior Electoral, siendo la Constitución misma la que

---

5   Brewer-Carías, A. R.: "Comentarios sobre la doctrina del acto de gobierno, del acto político, del acto de Estado y de las cuestiones políticas como motivo de inmunidad jurisdiccional de los Estados en sus Tribunales nacionales," en *Revista de Derecho Público*, Nº 26, Editorial Jurídica Venezolana, Caracas, abril-junio 1986, pp. 65-68.

establece los "criterios para la escogencia" (art. 180), y de separar, luego de una evaluación de desempeño, a un juez de la Suprema Corte de Justicia (art. 181). Estos actos del Consejo Nacional de la Magistratura, por supuesto, no son actos administrativos, sino actos estatales de ejecución directa de la Constitución y, por tanto, sometidos al control jurisdiccional por parte del Tribunal Constitucional.

De lo anterior resulta, por tanto, que lo que constituyen las normas de derecho en relación con cada órgano del Estado varía y tiene un ámbito diferente dependiendo de la posición que cada norma o acto del Estado tenga en el sistema jurídico jerarquizado de normas. Por ello, para el Congreso Nacional, legalidad quiere decir constitucionalidad o sumisión a la Constitución, igual que para el Jefe de Estado con respecto a los actos de gobierno o para el Consejo Nacional de la Magistratura cuando nombra los jueces de los altos órganos judiciales. En estos casos, dichos actos se adoptan en ejecución directa e inmediata de la Constitución, sin la interferencia de actos legislativos, en forma tal que sólo están subordinados a la Constitución y no puede en general haber ley alguna que los condicione salvo ejecutando previsiones constitucionales, dando origen al control judicial de la constitucionalidad de los actos estatales (Jurisdicción Constitucional)[6].

---

6   Véase Brewer-Carías, A. R.: La *Justicia Constitucional. Procesos y procedimientos constitucionales*, Ed. Porrúa, México 2007; *Instituciones Políticas y Constitucionales, Tomo VII (La justicia constitucional)*, Universidad Católica del Táchira-Editorial Jurídica Venezolana, Caracas-San Cristóbal 1996; *El sistema de justicia constitucional en la Constitución de 1999 (Comentarios sobre su desarrollo jurisprudencial y su explicación, a veces errada, en la Exposición de Motivos)*, Editorial Jurídica Venezolana, Caracas, 2000; "La Justicia Constitucional en la Nueva Constitución" en *Revista de Derecho Constitucional*, N° 1, Septiembre-Diciembre 1999, Editorial Sherwood, Caracas, 1999, pp. 35-44; y Brewer-Carías, A. R. y Hernández, V.: *Ley Orgánica del Tribunal Supremo de Justi-*

Por supuesto, además de los actos dictados en ejecución directa e inmediata de la Constitución, en los sistemas legales graduados que han dado origen a los sistemas de control judicial o jurisdiccional de la constitucionalidad, es evidente que el principio de legalidad, por su ámbito, desempeña un papel mucho más importante en el segundo nivel de ejecución del ordenamiento jurídico, es decir, respecto de aquellos actos del Estado dictados en ejecución directa e inmediata de la legislación, o en ejecución indirecta y mediata de la Constitución. Aquí, el principio de legalidad se ha desarrollado en el pleno sentido de la palabra, particularmente con referencia a la Administración Pública, dando origen al control judicial o jurisdiccional de la legalidad de los actos administrativos (Jurisdicción contencioso administrativa)[7], y por consiguiente, al derecho administrativo.

En consecuencia, en un Estado de derecho, el grado de sumisión de la Administración Pública al principio de la legalidad es de mayor ámbito que el de la sumisión a las normas de derecho por parte de los órganos constitucionales del Estado. El Congreso está sometido a la Constitución e, incluso, el Jefe de Estado y de Gobierno, cuando dicta actos de gobierno sólo está sometido, en general, a la Constitución; mientras que los órganos y las autoridades administrativas están envueltos en un área de legalidad

---

cia. *Procesos y procedimientos constitucionales*, Editorial Jurídica Venezolana, Caracas, 2010.

7   Véase Brewer-Carías, A. R.: *Nuevas tendencias en el contencioso administrativo en Venezuela*, Editorial Jurídica Venezolana, Caracas 1993; *La Jurisdicción Contencioso Administrativa en Venezuela*, Asociación Venezolana de Derecho Administrativo y Ciencias de la Administración, Editorial Jurídica Venezolana, Caracas 1983; *Instituciones Políticas y Constitucionales*, *Tomo VII (La justicia contencioso administrativa)*, Universidad Católica del Táchira-Editorial Jurídica Venezolana, Caracas-San Cristóbal 1996; Brewer-Carías, A. R. y Hernández, V.: *Ley Orgánica de la Jurisdicción Contencioso Administrativa*, Editorial Jurídica Venezolana, Caracas, 2010.

de mayor ámbito puesto que están sometidos a la "legislación," la cual ejecutan. Esta es la razón por la cual, en este campo, el principio de legalidad tomó el significado que normalmente tiene en relación a la actividad administrativa del Estado contemporáneo.

IV. EL PRINCIPIO DE LA DISTRIBUCIÓN VERTICAL O TERRITORIAL DE LOS PODERES PÚBLICOS Y LAS PERSONAS JURÍDICAS ESTATALES.

1. *El principio de la distribución territorial de los poderes públicos*

El derecho administrativo, como derecho que rige la organización y funcionamiento de la Administración Pública, está condicionado por la concreta organización constitucional del Estado, pues de ella deriva que exista desde el punto de vista orgánico, una Administración Pública, o múltiples Administraciones Pública, personificadas o no.

Dicha organización deriva, como ocurre en la República Dominicana, de otro principio que condiciona al derecho administrativo, y que es el principio de la distribución territorial o vertical del poder público[8] el cual se adopta en la Constitución de 2010, aún cuando en forma limitada como descentralización política establecida sólo hacia el nivel de la Administración local. La República Dominicana es por tanto en la Constitución, una "República Unitaria" (art. 7) o "Estado Unitario" (art. 193), con elementos de descentralización política hacia la Administración local.

---

8   Véase sobre ello, Brewer-Carías, A. R.: "La distribución territorial de competencias en la Federación venezolana" en *Revista de Estudios de Administración Local. Homenaje a Sebastián Martín Retortillo,* N° 291, enero-abril 2003, Instituto Nacional de Administración Pública, Madrid 2003, pp. 163-200.

En efecto conforme al artículo 193 de la Constitución, al declararse a la República Dominicana como un "Estado unitario," se precisa que el mismo tiene una "organización territorial" con la finalidad de propiciar el desarrollo integral y equilibrado del territorio, así como el de sus habitantes, "compatible con sus necesidades y con la preservación de sus recursos naturales, de su identidad nacional y de sus valores culturales." Esta organización territorial se debe implementar "conforme a los principios de unidad, identidad, racionalidad política, administrativa, social y económica".

Esta organización territorial, como se dijo, desde el punto de vista político está montada en un sistema de distribución vertical del poder público entre el Estado y la Administración local, conformada ésta última básicamente por los municipios, los distritos municipales y el Distrito Nacional, que es la ciudad de Santo Domingo de Guzmán, capital de la República y asiento del gobierno nacional (art. 13).

Además, la Constitución establece un sistema de organización territorial del Estado, en regiones y provincias que regula la Constitución y que la ley debe establecer (art. 12), que aparecen más como instancias dependientes del Poder Ejecutivo nacional, y que no son parte de un proceso de descentralización política, pues no tienen autoridades electas, sino más bien aparecen para la actuación desconcentrada del Estado nacional en el territorio (arts. 196-198).

A tal efecto, el artículo 12 de la Constitución, ubicado en la normativa relativa al "territorio nacional" regula la "división político administrativa" del mismo, estableciendo que "para el gobierno y la administración del Estado, el territorio de la República se divide políticamente en un Distrito Nacional y en las regiones, provincias y municipios que las leyes determinen." Se destaca de esta norma, sin embargo, que a pesar del carácter de entes descentralizados "políticamente" que tiene el Distrito Nacional, los Municipios y los distritos municipales como parte de la Administración Local, se los enumera dentro de la misma "división político administrativa" del territorio para el gobierno y administración del Estado que incluye organizaciones desconcentradas del nivel nacional como las regiones y provincias, dependientes del Poder Ejecutivo nacional.

En efecto, la Constitución organiza a la Administración local, atribuyéndola, conforme al artículo 199, al Distrito Nacional (art. 13), a los municipios y a los distritos municipales, a los cuales se los declara que "constituyen la base del sistema político administrativo local." La Constitución las concibe como "personas jurídicas de Derecho Público, responsables de sus actuaciones," que "gozan de patrimonio propio, de autonomía presupuestaria, con potestad normativa, administrativa y de uso de suelo, fijadas de manera expresa por la ley y sujetas al poder de fiscalización del Estado y al control social de la ciudadanía, en los términos establecidos por esta Constitución y las leyes." Se trata, por tanto, sin duda de entes descentralizados políticamente (el Distrito Nacional, los municipios y de los distritos municipales), lo que deriva del hecho de que cada uno de ellos debe tener su propio gobierno local electo democráticamente (art. 201), y por tanto autónomo, a cargo de un ayuntamiento (Concejo de Regidores y la Alcaldía) en los dos primeros casos, y de una Junta de Distrito en el último caso. Por ello, además, la Constitución garantiza la autonomía de las administraciones locales, en particular, la autonomía presupuestaria, asignándoles la potestad normativa y administrativa.

Es precisamente porque se trata de instancias políticas descentralizadas que forman el "sistema político administrativo local," que la Constitución, por ejemplo, les atribuye competencias tributarias directamente (art. 200), previendo además, la posibilidad de transferencia de competencias del Estado hacia los municipios. En tal sentido, el artículo 204 dispone que el Estado debe propiciar "la transferencia de competencias y recursos hacia los gobiernos locales, de conformidad con esta Constitución y la ley" debiendo implementarse dichas transferencias mediante políticas de desarrollo institucional, capacitación y profesionalización de los recursos humanos.

La Constitución establece, además, los principios generales de la organización del poder público local o municipal particularmente en el Distrito Nacional y los Municipios, siendo instancias descentralizadas políticamente con gobiernos electos y conforme al principio de distribución territorial de los poderes públicos, en ese nivel local también se originan, conforme al principio de separación orgánica de poderes, la existencia de dos poderes públicos: el Poder Legislativo local y el Poder Ejecutivo local. Así, al disponer que el gobierno del Distrito Nacional y el de los municipios debe estar a cargo del Ayuntamiento, el artículo 201 precisa que éste debe estar constituido por "dos órganos complementarios entre sí," que son el Concejo de Regidores y la Alcaldía. El Concejo de Regidores es un órgano "exclusivamente normativo, reglamentario y de fiscalización integrado por regidores," y la Alcaldía "es el órgano ejecutivo" encabezado por un alcalde, cuyo suplente se denomina vice alcalde.

2. *Las diversas personas jurídicas de derecho público territoriales y el sentido de la expresión "Estado" en la Constitución*

La consecuencia de la distribución territorial del poder, incluso aún cuando pueda considerarse de carácter limitado dada la concepción de la República Dominicana como un Estado Unitario, es que en el ordenamiento constitucional dominicano conduce a la existencia de dos niveles autónomos de Administración Pública: la Administración Pública del Estado, y la Administración Pública Local o municipal, cada una integrada en una persona jurídica territorial de derecho público distinta: el Estado, a nivel nacional, al que se reconoce personalidad jurídica (art. 3); y el Distrito Nacional, los municipios y los distritos municipales a nivel local, a los cuales el artículo 199 de la Constitución, expresamente los califica como "personas jurídicas de derecho público." La Nación Dominicana, por tanto, en el ámbito interno, está conformada por estos dos niveles de personas jurídicas de derecho público territoriales[9].

La expresión "Estado"[10], por tanto, tiene en el texto de la Constitución dos significados, pues en algunos casos las normas la utilizan para referirse a la totalidad de los sujetos que conforman la organización política estatal, en el sentido de Estado Unitario, tanto con proyección en el ámbito internacional como en el ámbito interno; y en otros casos, algunas normas la utilizan para referirse sólo a la persona jurídica de derecho público del nivel "nacional" del Estado en contraste con las otras personas de derecho público que se regulan en la Constitución. En el primer sentido de la utilización de la expresión Estado para referirse a la República Dominicana en su globalidad en relación con la comunidad internacional, es que se utiliza la expresión Estado, por ejemplo, en los artículos 1, 3, 26 y 74.3.

La expresión Estado también se utiliza en la Constitución para referirse, en el ámbito interno, a la totalidad de personas y órganos estatales, considerados como una unidad, lo cual ocurre en la mayoría de los artículos constitucionales, como por ejemplo, los referidos a las obligaciones y deberes que se asignan a todos los órganos estatales para asegurar y garantizar los derechos constitucionales. Es el caso, por ejemplo, de la utilización de la expresión Estado en los artículos 38, 39, 42, 45, 50, 51, 54,

---

9   Véase por ejemplo, Brewer-Carías, A. R.: "El régimen de las personas jurídicas estatales político-territoriales en la Constitución de 1999" en *El Derecho constitucional y público en Venezuela. Homenaje a Gustavo Planchart Manrique*, Tomo I, Universidad Católica Andrés Bello, Tinoco, Travieso, Planchart & Núñez, Abogados, Caracas 2003, pp. 99-121.

10   Véase por ejemplo, Brewer-Carías, A. R.: "Sobre los conceptos de Estado, República y Nación en la Constitución de 1999," en *Libro Homenaje a Alfredo Arismendi,* Instituto de Derecho Público, Universidad Central de Venezuela, Caracas 2012.

55, 56, 57, 58, 59, 60, 61, 62, 63, 64, 65, 67 y 75 todos relativos a derechos fundamentales. Igualmente se utiliza la expresión Estado en las normas que regula el universo de los órganos y personas estatales de cualquier nivel, por ejemplo en las normas relativas a la concepción del Estado como democrático y social de derecho (art. 7), a la división territorial del Estado (art. 12); al jefe del Estado (art. 122); a la Administración del Estado (art. 165, 166), a la función pública (arts. 142, 144, 146), y a los servicios públicos (art. 147); al régimen de la economía (art. 218, 219, 222), de la contabilidad pública (art. 245, 248) y del gasto público (art. 75.6); a la seguridad del Estado (art. 128, 261, 264); y a la competencia del Congreso (art. 93.1.q), o del Tribunal Constitucional (art. 184). La típica norma en la que se utiliza la expresión Estado en el ámbito interno, para englobar la totalidad de las personas estatales y los órganos de los poderes públicos es, por ejemplo, la del artículo 8, destinada a definir la "función esencial del Estado" que es "la protección efectiva de los derechos de la persona, el respeto de su dignidad y la obtención de los medios que le permitan perfeccionarse de forma igualitaria, equitativa y progresiva, dentro de un marco de libertad individual y de justicia social, compatibles con el orden público, el bienestar general y los derechos de todos y todas." Esta función, por supuesto, no sólo corresponde a los órganos constitucionales y los poderes públicos nacionales sino también a los que conforman la Administración Pública local.

En otras normas constitucionales, sin embargo, la expresión "Estado" se utiliza en sentido más restrictivo, para identificar la persona jurídica territorial de ámbito "nacional," diferenciada de las otras personas jurídicas de derecho público territoriales, por ejemplo, del ámbito local. Es el caso de los artículos relativos, por ejemplo, a los Ministros del Estado (art. 134), al Ministerio Público (art. 169) y a la defensa Pública (art. 177); a los bienes públicos o del Estado (art. 15, 49.5, 64.4; 128); a las finanzas públicas y el régimen monetario (art. 196, 228, 230, 233, 237,

238); a los organismos descentralizados y autónomos del nivel nacional (art. 93.2.c; 95; 128.b; 141; 159.3); a los cuerpos de seguridad del Estado (128). En especial, en el artículo 200, se usa la palabra Estado en relación con los contratos públicos, diferencia de las otras personas de derecho público; y en los artículos 194, 204 y 207 la expresión Estado se utiliza para referirse a la persona estatal nacional en relación con las personas territoriales locales.

De acuerdo a lo anterior, por tanto, en la Constitución de la República Dominicana, el Estado, en sus diversas acepciones y, en particular, las personas jurídicas territoriales de derecho público que derivan del sistema constitucional de distribución territorial del poder, son las que como sujetos de derecho actualizan la voluntad estatal en el cumplimiento de los fines de las mismas y en relación con los administrados. Entre los órganos de esas personas jurídicas de derecho público están los que conforman la Administración Pública, o mejor, la Administración Pública nacional y la Administración Pública local, o los que desarrollan actividades administrativas. Esos órganos son los que constituyen objeto de regulación por parte del derecho administrativo porque, en definitiva, son las que establecen las relaciones jurídico-administrativas con los otros sujetos de derecho y los administrados.

3. *Las personas jurídicas de derecho público no territoriales*

Pero en la organización del Estado, las personas jurídicas estatales no se agotan en las personas de derecho público territoriales. En la Constitución, en efecto, además de ellas, se regulan un conjunto de personas jurídicas de derecho público no territoriales, que son producto de la descentralización funcional y no de la descentralización territorial.

En el derecho público dominicano, por tanto, hay dos clasificaciones de las personas jurídicas estatales: las personas jurídicas de derecho público y las personas jurídicas de derecho privado; y en cuanto a las personas jurídicas de derecho público, las personas jurídicas de derecho público territoriales, y las no territoriales[11].

Ya nos hemos referido a las personas de derecho público territoriales que son el Estado (en su concepción "nacional"), el Distrito Nacional, los municipios y los distritos municipales. En cuanto a las personas jurídicas de derecho público no territoriales, de acuerdo con el artículo 141 de la Constitución, son los que se denominan como "organismos autónomos y descentralizados," al disponer que mediante ley se pueden crear "organismos autónomos y descentralizados en el Estado, provistos de personalidad jurídica, con autonomía administrativa, financiera y técnica," los cuales deben siempre estar "adscritos al sector de la administración compatible con su actividad, bajo la vigilancia de la ministra o ministro titular del sector".

Además, la Constitución regula directamente como persona jurídica de derecho público no territorial al Banco Central de la República, al establecer en su artículo 222, que se trata de "una entidad de derecho público con personalidad jurídica, patrimonio propio y autonomía funcional, presupuestaria y administrativa." Igualmente, en la Constitución se regulan directamente otras

---

11   Véase sobre las clasificaciones de las personas jurídicas en el derecho administrativo, en Brewer-Carías, A. R.: "La distinción entre las personas públicas y las personas privadas y el sentido actual de la clasificación de los sujetos de derecho," en *Revista Argentina de Derecho Administrativo*, N° 12, Buenos Aires, 1977, pp. 15 a 29; en *Revista de la Facultad de Derecho*, Universidad Central de Venezuela, N° 57, Caracas, 1976, pp. 115 a 135; y en *Fundamentos de la Administración Pública*, Editorial Jurídica Venezolana, Caracas, 1980, pp. 223 a 248. Igualmente Brewer-Carías, A. R.: "Sobre las personas jurídicas en la Constitución de 1999" en *Derecho Público Contemporáneo. Libro Homenaje a Jesús Leopoldo Sánchez*, Estudios del Instituto de Derecho Público, Universidad Central de Venezuela, enero-abril 2003, Volumen 1, pp. 48-54.

personas jurídicas de derecho público no territoriales que son la Junta Central Electoral (art. 212) y la Cámara de Cuentas (art. 248).

Estas personas jurídicas de derecho público no territoriales también son, por tanto, manifestación del principio administrativo de la descentralización, pero en este caso, de la descentralización funcional (distinta a la descentralización político territorial), mediante el cual el Estado (aparte de las previstas en la Constitución) por ley puede crear personas jurídicas para el cumplimiento de determinadas misiones. Al establecerse que en estos casos se necesita de una ley para la creación de estas entidades, se entiende que se trata de personas jurídicas de derecho público, cuyo signo clásico de identificación, es su creación mediante ley.

Por otra parte, la Constitución establece directamente un conjunto de aspectos del régimen general aplicable a todas las personas jurídicas de derecho público, independientemente de que se trate de personas de derecho público territoriales producto de la descentralización política territorial (Estado, Distrito Nacional, municipios, distritos municipales) o de personas jurídicas de derecho público no territoriales creadas en la Constitución o producto de la descentralización funcional (organismos autónomos y descentralizados del Estado). En tal sentido se destacan diversas previsiones de la Constitución en las que se refiere expresamente a las "personas jurídicas de derecho público," abarcándolas a todas.

En primer lugar, el artículo 148 que se refiere a la responsabilidad civil, en el cual se dispone que "las personas jurídicas de derecho público y sus funcionarios o agentes serán responsables, conjunta y solidariamente, de conformidad con la ley, por los daños y perjuicios ocasionados a las personas físicas o jurídicas por una actuación u omisión administrativa antijurídica".

En segundo lugar, el artículo 220 sobre la "sujeción al ordenamiento jurídico" en materia de "contratos del Estado y de las personas de derecho público" suscritos con personas físicas o jurídicas extranjeras domiciliadas en el país, en el cual se dispone que en el texto de los mismos "debe constar el sometimiento de éstas a las leyes y órganos jurisdiccionales de la República." Prevé la norma, sin embargo, que "el Estado y las demás personas de derecho público pueden someter las controversias derivadas de la relación contractual a jurisdicciones constituidas en virtud de tratados internacionales vigentes" y al "arbitraje nacional e internacional, de conformidad con la ley".

4. *Las personas jurídicas estatales de derecho privado*

De la regulación en la Constitución sobre las "personas jurídicas de derecho público," se deriva, sin duda, que también hay personas jurídicas estatales que pueden tener forma jurídica de derecho privado. La distinción entre ellas, por tanto, deriva de su creación y constitución mediante mecanismos de derecho público regulados en la propia Constitución o en las leyes, o mediante los mecanismos regulados en el derecho privado, particularmente en la legislación civil o comercial.

Esta distinción entre las personas jurídicas de derecho público (territoriales o no territoriales) y las personas jurídicas estatales de derecho privado, no sólo se recoge en general en la Constitución (art. 149.I), sino que resulta de la regulación expresa del artículo 219 de la propia Constitución relativa a la obligación del Estado debe fomentar la iniciativa económica privada, creando las políticas necesarias para promover el desarrollo del país. La norma, sin embargo, agrega que bajo el principio de subsidiaridad, el Estado, "por cuenta propia o en asociación con el sector privado y solidario, puede ejercer la actividad empresarial con el fin de asegurar el acceso de la población a bienes y servicios básicos y promover la economía nacional." Para ello, el Estado puede establecer personas de derecho privado de capital enteramente estatal o como empresa mixta en asociación con capitales privados, es decir, empresas del Estado[12].

**

De toda esta normativa constitucional deriva, por tanto, que en la República Dominicana, siendo un Estado Unitario descentralizado, el Estado es la persona jurídica de derecho público de ámbito global interno y, además, hacia el ámbito internacional (como República Dominicana, art. 1; 26).

En el ámbito interno, y conforme a la distribución territorial del poder, el Estado es la persona de derecho público territorial nacional, y además, están todas las otras personas jurídicas de derecho público territoriales (Distrito Nacional, municipios, distritos municipales) y no territoriales (los organismos autónomos y descentralizados en el Estado, y el Banco Central de la República, la Junta Central Electoral y la Cámara de Cuentas) y, además, las personas jurídicas estatales de derecho privado (empresas del Estado).

V. EL PRINCIPIO DE LA SEPARACIÓN ORGÁNICA (HORIZONTAL) DE LOS PODERES PÚBLICOS Y LOS DIVERSOS ÓRGANOS CONSTITUCIONALES QUE CONFIGURAN LOS PODERES PÚBLICOS DEL ESTADO

1. *El principio de la separación de poderes*

El tercer principio constitucional que condiciona el derecho administrativo en la República Dominicana, es el de la separa-

---

12   Véase en general, Allan R. Brewer-Carías, *Las empresas públicas en el derecho comparado (Estudio sobre el régimen de las actividades industriales y comerciales del Estado)*, Colección Monografías de la Facultad de Derecho, Universidad Central de Venezuela, Vol. XXXVI, Caracas 1967; *El régimen jurídico de las empresas públicas en Venezuela*, Ediciones del Centro Latinoamericano de Administración para el Desarrollo, Caracas 1980, Editorial Jurídica Venezolana, Caracas 1981.

ción orgánica o división horizontal de los poderes públicos, que origina órganos constitucionales independientes y autónomos entre sí, que ejercen no sólo las clásicas ramas del poder público, es decir, la legislativa, la ejecutiva y la judicial, sino otras potestades públicas constitucionales.

La Constitución de 2010, como toda Constitución democrática moderna, en efecto, al regular el "Gobierno de la Nación y la separación de poderes" no sólo dispuso en su artículo 4, que el gobierno de la Nación "es esencialmente civil, republicano, democrático y representativo," sino que el mismo "se divide en Poder Legislativo, Poder Ejecutivo y Poder Judicial" considerándolos como "tres poderes independientes en el ejercicio de sus respectivas funciones." El principio es de tal importancia en la organización de la República Dominicana como un Estado Social y Democrático de Derecho, que el artículo 7 expresa que el mismo está "fundado en el respeto de la dignidad humana, los derechos fundamentales, el trabajo, la soberanía popular y la separación e independencia de los poderes públicos".

La separación orgánica de poderes en esta forma, da origen en el nivel nacional del Estado, a tres grupos de órganos constitucionales diferenciados, y otros órganos constitucionales; y en el nivel de la Administración local, a dos órganos diferenciados.

2. *El Poder legislativo*

En primer lugar, en el nivel nacional, está el Congreso Nacional, conformado por el Senado de la República y la Cámara de Diputados, que ejerce el Poder Legislativo en nombre del pueblo (art. 76) mediante los senadores y diputados que componen dichas cámaras, electos mediante sufragio universal directo (art. 77). El Congreso tiene fundamentalmente la función de legislar (art. 93.1) y otras de control político y de fiscalización (art. 93.2), particularmente en relación con el Poder Ejecutivo.

3. *El Poder Ejecutivo*

En segundo lugar, está el Presidente de la Republica, electo en voto directo (art. 124), el cual en su condición de Jefe de Estado y de Gobierno ejerce el Poder Ejecutivo, de conformidad con lo dispuesto en la Constitución y las leyes (art. 122), y en ejercicio de las atribuciones en ellas establecidas (art. 128). Pero por supuesto, no sólo el Presidente de la República ejerce el Poder Ejecutivo, sino también lo ejercen el Vicepresidente de la República (art. 125), y los Ministros de Estado que están a cargo de los ministerios creados por ley para el despacho de los asuntos de gobierno, los cuales además, disponen de los viceministros que se consideren necesarios para el despacho de sus asuntos (art. 134) y que también ejercen el Poder Ejecutivo. Igualmente, también está el Consejo de Ministros, presidido por el Presidente de la República, quien lo preside, por el Vicepresidente de la República y por los ministros, el cual también es un órgano del Poder Ejecutivo, "de coordinación de los asuntos generales de gobierno y tiene como finalidad organizar y agilizar el despacho de los aspectos de la Administración Pública en beneficio de los intereses generales de la Nación y al servicio de la ciudadanía" (art. 137). En consecuencia, los diversos órganos de la Administración Pública, en los asuntos para los cuales tienen competencia decisoria, también ejercen el Poder Ejecutivo.

Debe agregarse que conforme al artículo 247 de la Constitución, la Contraloría General de la República también es un órgano del Poder Ejecutivo, para el control interno, a cuyo efecto "ejerce la fiscalización interna y la evaluación del debido recaudo, manejo, uso e inversión de los recursos públicos y autoriza las órdenes de pago, previa comprobación del cumplimiento de los trámites legales y administrativos, de las instituciones bajo su ámbito, de conformidad con la ley" (art. 247).

Respecto de la Administración Pública como parte integrante del Poder Ejecutivo, el artículo 138.1 de la Constitución exige que la ley establezca el estatuto de los funcionarios públicos, el acceso a la función pública con arreglo al mérito y capacidad de los candidatos, la formación y capacitación especializada, el régimen de incompatibilidades de los funcionarios que aseguren su imparcialidad en el ejercicio de las funciones legalmente conferidas. A tal efecto, el artículo 142 de la Constitución repite que el Estatuto de la Función Pública como el régimen de derecho público basado en el mérito y la profesionalización para una gestión eficiente y el cumplimiento de las funciones esenciales del Estado, en el cual debe determinar la forma de ingreso, ascenso, evaluación del desempeño, permanencia y separación del servidor público de sus funciones. Además, a los efectos del Estatuto, la ley debe determinar el régimen estatutario requerido para la profesionalización de las diferentes instituciones de la Administración Pública (art. 143); el régimen de compensación, de manera que ningún funcionario o empleado del Estado puede desempeñar, de forma simultánea, más de un cargo remunerado, salvo la docencia. A tal efecto, la ley debe establecer las modalidades de compensación de las y los funcionarios y empleados del Estado, de acuerdo con los criterios de mérito y características de la prestación del servicio (art. 144).

4. *El Poder Judicial*

Y en tercer lugar, está la Suprema Corte de Justicia y los demás tribunales creados por la Constitución y por las leyes, que ejercen el Poder Judicial que "goza de autonomía funcional, administrativa y presupuestaria," y administran gratuitamente la justicia en nombre de la República (art. 149). La Suprema Corte de Justicia es el órgano jurisdiccional superior de todos los organismos judiciales (art. 152). La función judicial que desarrollan los tribunales y juzgados determinados por la ley, de acuerdo con la misma Constitución, "consiste en administrar justicia para decidir sobre los conflictos entre personas físicas o morales, en derecho privado o público, en todo tipo de procesos, juzgando y haciendo ejecutar lo juzgado". La Constitución agrega además, sobre la independencia del Poder Judicial, que los jueces integrantes del mismo "son independientes, imparciales, responsables e inamovibles y están sometidos a la Constitución y a las leyes" (art. 151). Debe destacarse también, como órgano del Poder Judicial, al Consejo del Poder Judicial, que es el "órgano permanente de administración y disciplina" del mismo (art. 156).

5. *Los otros órganos constitucionales que constituyen poderes públicos*

Pero como se dijo, además de los órganos que ejercen los tres clásicos poderes del Estado, también ejercen el poder público y se pueden considerar como formando parte de los "poderes del Estado" (art. 19) o de los "poderes públicos" conforme a la terminología constitucional (arts. 3; 9; 15; 19; 22.4; 26.1; 38; 55.6; 62; 67.5; 68; 73; 73.4; 110; 112; 184; 185.3), otros órganos del Estado que no dependen de los clásicos poderes que resultan de la clásica trilogía legislativo, ejecutivo y judicial, y que han sido concebidos en la Constitución como órganos constitucionales con autonomía e independencia. Dentro de estos órganos están:

A. *Los órganos constitucionales dentro del sistema de justicia*

En primer lugar, están los órganos regulados en la Constitución en el título general del Poder Judicial (Título V), pero que sin embargo, no tienen dependencia respecto de la Suprema Corte de Justicia. Estos son, primero, el Ministerio Público, concebido como "el órgano del sistema de justicia responsable de la formulación e implementación de la política del Estado contra la criminalidad, dirige la investigación penal y ejerce la acción pública en representación de la sociedad' (art. 169). Dicho órgano, de acuerdo con la Constitución, incluso y a pesar de que su titular (el Procurador General de la República) lo designe el Presidente de la República (art. 171), tampoco depende del Poder Ejecutivo sino que "goza de autonomía funcional, administrativa y presupuestaria" y ejerce sus funciones "conforme a los principios de legalidad, objetividad, unidad de actuaciones, jerarquía, indivisibilidad y responsabilidad" (art. 170). Segundo, el otro órgano constitucional que se regula en el Título general de la Constitución sobre el Poder Judicial es el servicio de Defensa Pública concebido también como "un órgano del sistema de justicia dotado de autonomía administrativa y funcional, que tiene por finalidad garantizar la tutela efectiva del derecho fundamental a la defensa en las distintas áreas de su competencia" (art. 176).

B. *Los demás órganos constitucionales con autonomía*

En segundo lugar, están varios órganos constitucionales, configurados con total independencia y autonomía respecto de los tres clásicos poderes del Estado. Esos son:

Primero, el Consejo Nacional de la Magistratura, regulado como órgano constitucional integrado por los altos titulares de los órganos de los Poderes Legislativo, Ejecutivo y Judicial y del Ministerio Público (art. 178) con la competencia exclusiva de designar a los jueces de la Suprema Corte de Justicia, del Tribunal Constitucional, del Tribunal Superior Electoral y de evaluar el desempeño de los jueces de la Suprema Corte de Justicia (art. 179).

Segundo, el Tribunal Constitucional, establecido como órgano constitucional para "garantizar la supremacía de la Constitución, la defensa del orden constitucional y la protección de los derechos fundamentales," con poderes para dictar sentencias definitivas e irrevocables que "constituyen precedentes vinculantes para los poderes públicos y todos los órganos del Estado." En el ejercicio de sus funciones también goza "de autonomía administrativa y presupuestaria" (art. 184).

Tercero, el Defensor del Pueblo, el cual es un órgano constitucional que conforme al artículo 190 de la Constitución, a pesar de que su titular sea designado por el Senado de una terna que le presente la Cámara de Diputados (art. 193), no depende del Poder legislativo, sino que es "una autoridad independiente en sus funciones y con autonomía administrativa y presupuestaria, "debiéndose "de manera exclusiva al mandato de esta Constitución y las leyes." Su función esencial es "contribuir a salvaguardar los derechos fundamentales de las personas y los intereses colectivos y difusos" establecidos en la Constitución y las leyes, en caso de que sean violados por funcionarios u órganos del Estado, por prestadores de servicios públicos o particulares que afecten intereses colectivos y difusos" (art. 191).

Cuarto, la Junta Central Electoral que tienen a su cargo organizar, dirigir y supervisar las elecciones y garantizar "la libertad, transparencia, equidad y objetividad" de las mismas (art. 211), a cuyo efecto la Constitución la concibe como un órgano constitucional no sólo autónomo, sino en este caso, "con personalidad jurídica e independencia técnica, administrativa, presupuestaria y financiera," al cual además, la Constitución lo ha dotado de "facultad reglamentaria" (art. 212).

Quinto, el Tribunal Superior Electoral, creado como órgano constitucional para "juzgar y decidir con carácter definitivo sobre los asuntos contencioso electorales y estatuir sobre los diferendos que surjan a lo interno de los partidos, agrupaciones y movimientos políticos o entre éstos." (art. 214). Al mismo se le atribuyó potestad reglamentaria, que debe ejercer de conformidad con la ley, "respecto de los procedimientos de su competencia y todo lo relativo a su organización y funcionamiento administrativo y financiero" (art. 214). Sus titulares son designados por el Consejo Nacional de la Magistratura (art. 215).

Sexto, la Cámara de Cuentas creado como órgano constitucional superior externo, de carácter técnico, de control fiscal de los recursos públicos, de los procesos administrativos y del patrimonio del Estado. La Constitución lo creó con personalidad jurídica y carácter técnico. A pesar de que sus miembros los designa el Senado de ternas que le presenta la Cámara de Diputados, y que deba presentar informe ante el Congreso (art. 115), no depende del Poder Legislativo, sino que y goza de autonomía administrativa, operativa y presupuestaria" (art. 249).

6. *El principio de la separación de poderes en la administración local*

Por último, debe mencionarse que el principio de la separación orgánica de poderes en forma horizontal no sólo se ha establecido en el nivel nacional, sino también en el nivel de la Administración Local, en el Distrito Nacional y en los municipios, donde como se dijo, el artículo 201 configura al Ayuntamiento como constituido por "dos órganos complementarios entre sí," que son el Concejo de Regidores y la Alcaldía; el primero como un órgano "exclusivamente normativo, reglamentario y de fiscalización integrado por regidores y regidoras," y el segundo, como "el órgano ejecutivo" encabezado por un alcalde.

VI. EL PRINCIPIO DEL CARÁCTER INTERORGÁNICO DE LA ADMINISTRACIÓN PÚBLICA COMO CONJUNTO DE ÓRGANOS DEL ESTADO.

En el derecho administrativo, la noción de Administración Pública tiene siempre dos connotaciones, en el sentido de que puede referirse tanto a un conjunto de órganos de las personas jurídicas que conforman el Estado, como a una actividad estatal en sí misma.[13] Ambos conceptos se utilizan en la Constitución dominicana.

---

13   Véase por ejemplo, Brewer-Carías, A. R.: "La Administración Pública" en *El Derecho Administrativo Venezolano en los umbrales del siglo XXI. Libro Homenaje al Manual de Derecho Administrativo de Eloy Lares Martínez,* Colección de Estudios Jurídicos de la Universidad Monteávila, Editorial Jurídica Venezolana-Universidad Monteávila, Caracas 2006, pp. 47-73; e "Introducción general al régimen jurídico de la Administración Pública", en Brewer-Carías, A. R. (Coordinador y Editor), Chavero Gazdik, R. y Alvarado Andrade, J. M.: *Ley Orgánica de la Administración Pública, Decreto Ley Nº 4317 de 15-07-2008,* Colección Textos

En efecto, la expresión Administración Pública o Administración del Estado se utiliza en los artículos 40.17, 94, 137, 141, 143, 165.2, 165.3, 166, 199 en sentido orgánico, como referida a un conjunto de órganos de las personas jurídicas que conforman el Estado, es decir, de los sujetos de derecho que actualizan la voluntad del Estado. En cambio, la expresión Administración Pública referida a la actividad administrativa del Estado, es la utilizada en los artículos 93.2.c, 138 y 139. Además, en los artículos 6, 69.10, 91, 93.2,c, 115, 138, 139, 145, 165.2 se utilizan directamente las expresiones actividad o actuación administrativa; en el artículo 115, la expresión "actos del Poder Ejecutivo," y en los artículos 72 y 138.2, la expresión "acto administrativo".

De estas normas, por tanto, conforme a la Constitución, resulta que hay unos *órganos* que conforman la Administración Pública del Estado y la Administración Pública Local; y hay una *actividad* de los órganos del Estado, y no sólo de los que integran orgánicamente a la Administración Pública, la cual se califica como *actividad administrativa*, de carácter sublegal y sujeta al control de la jurisdicción contencioso administrativa (art, 165.2).

Esto último deriva de dos normas: primero, del artículo 139, relativo al "control de legalidad de la Administración Pública" que asigna a los tribunales competencia para controlar "la legalidad de la actuación de la Administración Pública;" y segundo, del artículo 165.2 que asigna específicamente a los tribunales contencioso administrativos competencia para conocer de los recursos contenciosos contra los "actos, actuaciones y disposiciones de autoridades administrativas contrarias al Derecho como consecuencia de las relaciones entre la Administración del Estado y los particulares".

Legislativos, N° 24, 4ª edición actualizada, Editorial Jurídica Venezolana, Caracas 2009, 7-103".

De la organización de los órganos de los poderes públicos en la Constitución de la República Dominicana resulta, por tanto que la actividad administrativa o la emisión de actos administrativos por los mismos, si bien es el producto regular de los órganos que conforman precisamente a la Administración Pública como complejo orgánico integrado en el Poder Ejecutivo del Estado o de la Administración Pública local, no sólo emanan de los mismos, sino que pueden emanar de otros órganos constitucionales del Estado, cuando actúan por ejemplo en función administrativa. El acto administrativo, por tanto, tiene en la Constitución dominicana una connotación inter orgánica, en el sentido de que no es monopolio de unos órganos determinados sino que pueden emanar de todos los órganos constitucionales, además de los que conforman la Administración Pública del Poder Ejecutivo o de la administración local.

Incluso, también desde el punto de vista orgánico debe señalarse que la Administración Pública no se agota en la del Poder Ejecutivo o de la Administración local, pues para el ejercicio de sus funciones, los diversos poderes públicos del Estado también tienen su propia "organización administrativa," para el cumplimiento de tareas netamente administrativas Por tanto, hay una Administración del Senado y de la Cámara de Diputados que por ejemplo se ocupa de la función pública en las mismas (art. 90.2) y de aplicación de sanciones conforme a su servicio interior el cual puede reglamentar (art. 90.3); hay una Administración para el Poder Judicial integrada en el Consejo del Poder Judicial que es el órgano permanente de administración y disciplina del Poder Judicial (art. 156); hay una Administración del Ministerio Público para la actualización de su autonomía administrativa, estando sus funciones sujetas a los "principios de legalidad, objetividad, unidad de actuaciones, jerarquía, indivisibilidad y responsabilidad" (art. 170); hay una Administración de la defensoría Pública para la actualización de su autonomía administrativa (art. 176); hay una Administración del Tribunal Constitucional para la actualización de su autonomía administrativa (art. 184); hay una Administración del Defensor del Pueblo, también para la actualización de su autonomía administrativa (art. 190); hay una Administración Electoral, organizada en torno a la Junta Central Electoral, igualmente para la actualización de su autonomía administrativa (art. 212); hay una Administración del Tribunal Superior Electoral, el cual además tiene potestad para reglamentar su organización y funcionamiento administrativo (art. 214); y hay una Administración de la Cámara de Cuentas, también para la actualización de su autonomía administrativa (art. 284).

Por tanto, la organización administrativa del Estado no se agota, en nivel nacional, en el ámbito de la "Administración Pública" del Poder Ejecutivo, o de la Administración Local, pues existen órganos administrativos que derivan de la conformación en la Constitución de los poderes públicos y de órganos constitucionales que gozan de autonomía administrativa y disciplinaria, y que no encuadran en la clásica trilogía de poderes: legislativos, ejecutivos y judiciales, ni dentro de los órganos que ejercen el Poder Legislativo, ni dentro de los órganos que ejercen el Poder Ejecutivo, ni dentro de los órganos que ejercen el Poder Judicial, y que sin embargo, forman parte de la organización administrativa de la Administración del Estado.

VII. LOS PRINCIPIOS DE LA ACTIVIDAD ADMINISTRATIVA COMO ACTIVIDAD DEL ESTADO.

Los principios sobre la actuación de la Administración Pública y sobre el control de los actos administrativos, por tanto, no sólo rigen para las decisiones que se adoptan en el seno de los órganos de la Administración Pública del Poder Ejecutivo o de la Administración Pública Local, sino también, por las Administraciones de los otros poderes públicos y órganos constitucionales antes mencionados establecidos en la Constitución.

Para desarrollar los principios constitucionales relativos a la "Administración Pública," o más propiamente la actividad o actuación administrativa de los diversos órganos de los poderes públicos y de los órganos constitucionales, está destinada la Ley a la cual se refiere el artículo 138.2 de la Constitución, tendiente a regular "el procedimiento a través del cual deben producirse las resoluciones y actos administrativos, garantizando la audiencia de las personas interesadas.

1. *Principios de la actuación administrativa*

De acuerdo a lo anterior, por tanto, en la Constitución de la República Dominicana se regula en su artículo 138 los "principios de la Administración Pública," o más propiamente, los principios a los cuales la Administración Pública debe sujetar su actuación. El Capítulo referido a la Administración Pública (Cap. III) dentro del Título relativo al Poder Ejecutivo, sin embargo, es claro que no está destinado a regular solo la acción administrativa de los órganos del Poder Ejecutivo, sino las actividades administrativas que realicen todos los órganos de los otros poderes públicos, es decir, de todos los órganos constitucionales del Estado, y además, de la Administración Pública local.

Estos principios a los que deben sujetarse las actuaciones administrativas de los poderes públicos, conforme al artículo 138 de la Constitución, en efecto, son los de eficacia, jerarquía, objetividad, igualdad, transparencia, economía, publicidad y coordinación, y además, como se ha dicho, el principio de legalidad, es decir, que la actuación de la Administración se realice "con sometimiento pleno al ordenamiento jurídico del Estado."

La Constitución dominicana, al hacer esta enumeración, ha seguido la tendencia general plasmada en algunas Constituciones latinoamericanas como la venezolana (art. 141),[14] y en materialmente todas las Leyes de procedimiento administrativos dictadas en América Latina en las últimas décadas, en la cuales, incluso se los define y regula. De esa legislación puede establecerse el sentido y orientación de los principios[15].

Por ejemplo, en cuanto al *principio de eficacia*,[16] el mismo se ha definido por ejemplo en el Código colombiano de Procedimiento Administrativo y Contencioso Administrativo en el sentido de que las autoridades deben buscar "que los procedimientos logren su finalidad," debiendo, a tal efecto, remover de oficio los obstáculos puramente formales; evitar decisiones inhibitorias, las dilaciones o los retardos; y deben sanear, las irregularidades procedimentales que se presenten, en procura de la efectividad del derecho material objeto de la actuación administrativa (art. 3.11)[17]. En la misma orientación y con más precisión, la

14   Véase en general, Brewer-Carías, A. R.: *Principios del procedimiento administrativo* (Prólogo de Eduardo García De Enterría), Editorial Civitas, Madrid 1990; *El derecho administrativo y la Ley Orgánica de Procedimientos Administrativos. Principios del procedimiento administrativo*, Editorial Jurídica Venezolana, 6ª edición ampliada, Caracas 2002.

15   Véase en general, Brewer-Carías, A. R.: *Principios del Procedimiento Administrativo en América Latina*, Universidad del Rosario, Colegio Mayor de Nuestra Señora del Rosario, Editorial Legis, Bogotá 2003; "Principios del Procedimiento Administrativo. Hacia un estándar continental," en C. STEINER (Ed): *Procedimiento y Justicia Administrativa en América Latina*, Konrad Adenauer Stiftung, F. Konrad Adenauer, México 2009, pp. 163-199.

16   Véase por ejemplo en Brewer-Carías, A. R.: "Los principios de legalidad y eficacia en las leyes de Procedimientos Administrativos en América Latina", en *IV Jornadas Internacionales de Derecho Administrativo Allan Randolph Brewer Carías*, Caracas 9-12 noviembre de 1998, FUNEDA, Caracas 1998, pp. 21-90.

17   Véase por ejemplo, Brewer-Carías, A. R.: "Los principios del procedimiento administrativo en el Código de Procedimiento Administrativo y de lo Contencioso Administrativo de Colombia (Ley

Ley de procedimientos Administrativos del Perú establece en su artículo IV.1.10, Título Preliminar, que conforme a dicho principio de eficacia, los sujetos del procedimiento administrativo deben siempre "hacer prevalecer el cumplimiento de la finalidad del acto procedimental, sobre aquellos formalismos cuya realización no incida en su validez, no determinen aspectos importantes en la decisión final, no disminuyan las garantías del procedimiento, ni causen indefensión a los administrados." La consecuencia de ello, es entonces, que "la finalidad del acto se privilegia sobre las formalidades no esenciales" siendo su validez "una garantía de la finalidad pública que se busca satisfacer con la aplicación de este principio"[18].

En el mismo sentido se expresa la Ley de Bolivia (art. 4,j), siendo la consecuencia fundamental de este principio, tal como se expresa en la Ley de Honduras, que "las cuestiones incidentales que se suscitaren en el procedimiento, incluso las que se refieren a la nulidad de actuaciones," no suspenden el curso del mismo" (art. 39).

Por otra parte, teniendo el principio de eficacia por objeto lograr "que los procedimientos logren su finalidad," además del principio de conservación, el mismo conlleva también el principio *pro actione* o de la interpretación más favorable a darle curso a la petición o solicitud. Como lo indica la legislación de Costa Rica, las normas de procedimiento administrativo deben "interpretarse en forma favorable a la admisión y decisión final de las peticiones" (art. 224), para asegurar más allá de las dificulta-

---

1437 de 2011)," en *Congreso Internacional de Derecho Administrativo, X Foro Iberoamericano de Derecho Administrativo.* El Salvador, 2011, pp. 879-918.

18   Véase en general, Brewer-Carías, A. R.: "Sobre los principios del procedimiento administrativo "Presentación" a la Obra Colectiva: O. Vignolo Cuevas y R. Jiménez (Coord.): *Comentarios a la Jurisprudencia de derecho administrativo del Tribunal Constitucional peruano (2000-2010)*, Lima 2011.

des de índole formal, una decisión sobre el fondo de la cuestión objeto del procedimiento. Por ello, el principio general en esta materia, en particular respecto de la admisión de las solicitudes o peticiones presentadas por los interesados, como se evidencia de la legislación de Colombia (art. 11), de Bolivia (art. 43), de Venezuela, (art. 45) de Honduras (art. 115), de Panamá (art. 76), y del Perú (arts. 125 y 126), es que la Administración está obligada a advertir a los administrados los errores o las omisiones que puedan tener las peticiones, pero sin que puedan negarse a recibirlas, para evitar que dichos errores conduzca a la inadmisibilidad. Como consecuencia, como principio, no se puede negar la petición que haga un administrado por causa de una omisión, estando en realidad la Administración obligada a advertirle al interesado los errores en que pueda haber incurrido, para que lo corrija.

El *principio de la jerarquía*, por su parte, derivado de la organización jerárquica propia de la Administración Pública, implica la sujeción de los órganos inferiores respecto de los superiores, y la posibilidad para estos de dirigir instrucciones respecto de la actuación de aquellos, así como de poder revisar las actuaciones de los inferiores, en casos de recursos administrativos. En particular, el principio de la jerarquía, aplicado a los actos administrativos, que se plasmó por primera vez en el derecho positivo en la Ley española de Régimen Jurídico de la Administración del Estado, de 1957, en el sentido de que "ninguna disposición administrativa podrá vulnerar los preceptos de otra de grado superior" (art. 23, 1), recogió, por ejemplo, en la Ley venezolana de procedimientos administrativos, al establecer en su artículo 13 que "ningún acto administrativo podrá violar lo establecido en otro de superior jerarquía." Por tanto, el principio de jerarquía en la organización administrativa rige en materia de legalidad, obligando a que los actos administrativos de los órganos inferiores se sometan a los dictados por los superiores.

El principio también implica la idea de *jerarquía normativa*, en el sentido de que la actividad y actuación administrativa y, particularmente las facultades reglamentarias atribuidas por esta Ley, deben siempre observar la jerarquía normativa establecida en la Constitución y las leyes. De ello deriva, por ejemplo, el principio denominado en España como el de la "inderogabilidad singular de los reglamentos", es decir, la obligación que tiene la Administración de respetar los actos normativos cada vez que se dicte un acto individual o de efectos particulares. No sólo se trata de que el órgano inferior respete el acto normativo dictado por el órgano superior, sino de que el mismo órgano que dictó un acto normativo lo respete al dictar un acto de efectos particulares e, incluso, que el órgano superior respete el acto normativo del inferior al dictar un acto administrativo de efectos particulares. Este principio también tiene relación con el principio del paralelismo de las formas: el reglamento sólo puede ser modificado por otro reglamento, dictado por la misma autoridad que produjo el primero, conforme al mismo procedimiento. Por tanto, dictado un acto administrativo normativo en una determinada área de competencia, el mismo no puede ser modificado o derogado singularmente cuando se dicte un acto administrativo individual, aún cuando éste lo dicte un órgano superior, el mismo órgano, o uno inferior. Este principio encuentra regulación expresa en la Ley Orgánica venezolana, en cuyo artículo 13 se señala que los actos administrativos de carácter particular no pueden "vulnerar lo establecido en una disposición administrativa de carácter general, aún cuando fueren dictados por autoridad igual o superior a la que dictó la disposición general." En el caso de la Ley General de Costa Rica, su artículo 13 establece que "La Administración estará sujeta en general a todas las normas escritas y no escritas del ordenamiento administrativo, y al derecho privado supletorio del mismo, sin poder derogarlos ni desaplicarlos para casos concretos" agregando que "La regla anterior se aplicará también en relación con los reglamentos, sea que éstos provengan de la misma autoridad, sea que provengan de otra superior o inferior competente.

En consecuencia, dictada una norma reglamentaria ésta no puede derogarse singularmente mediante un acto individual, sino que sólo puede ser modificada por la misma autoridad, mediante otro acto reglamentario. En Honduras, la ley es todavía más precisa al prescribir que los órganos de la Administración, incluso mediante actos de carácter general, no pueden "vulnerar los preceptos de otro acto de carácter general dictado por un órgano de grado superior" (art. 40,d).

Otro de los principios de la actuación de la Administración Pública establecidos en la Constitución es el *principio de la objetividad* que también se encuentra regulado en las leyes de procedimiento administrativo de América Latina. Así lo expresa claramente la Ley 9.784 de Procedimientos Administrativos de Brasil, al señalar que en los procedimientos administrativos, entre otros criterios debe ser observado "el de la objetividad en la atención del interés público" (art. 2,III). La objetividad apunta en el procedimiento administrativo, en primer lugar, a la satisfacción del interés general, sin discriminaciones y sin inclinar la balanza a favor de un particular, es decir, sin violar el principio de la igualdad. La Administración, en efecto, debe servir a los intereses generales con objetividad; aun cuando para ello no necesariamente debe considerarse neutra. No debe olvidarse que la Administración es una organización instrumental de la acción política del Estado y del gobierno, por ello, tiene subordinación a una determinada orientación política. Esto implica, entonces, que la objetividad en la consecución de los intereses generales está siempre vinculada a la orientación política del gobierno, no pudiendo la Administración estar al margen de la misma. De ello deriva que la objetividad en el procedimiento no es absoluta, sino relativa, pues la Administración está vinculada al gobierno, y actúa dentro de la política formulada por éste.

Adicionalmente, debe tenerse en cuenta que la actividad de la Administración al satisfacer las necesidades colectivas, también está al servicio de los particulares, y esto debe cumplirlo con objetividad; como lo establece el artículo 35 de la Ley sobre Simplificación de Trámites Administrativos de Venezuela de 1999[19]:

> *Artículo 35.* La actividad de los órganos y entes de la Administración Pública debe estar dirigida a servir eficientemente a los particulares, mediante la plena satisfacción de las necesidades colectivas. En tal sentido, el funcionario público es, ante todo, un servidor público.

En todo caso, el principio de la objetividad está garantizado frente a los administrados por el principio de la imparcialidad y las normas de inhibición.

En cuanto al *principio de la transparencia*, íntimamente vinculado al de la publicidad, el mismo se ha incorporado por ejemplo en el Código Colombiano en la reforma de 2010, al declararse que "la actividad administrativa es del dominio público," y por consiguiente, "toda persona puede conocer las actuaciones de la administración, salvo reserva legal" (art. 3.8), todo lo cual es una consecuencia del derecho constitucional de acceso a la información administrativa. Este principio, sin duda complementa el de la publicidad que ya se había consagrado en el Código de 1984, conforme al cual las autoridades deben dar "a conocer al público y a los interesados, en forma sistemática y permanente, sin que medie petición alguna, sus actos, contratos y resoluciones, mediante las comunicaciones, notificaciones y publicaciones que ordene la ley, incluyendo el empleo de tecnologías que permitan difundir de manera masiva tal información de conformidad con lo dispuesto en el Código (art. 3.9). El mismo principio se consagra en la Ley de procedimientos Adminis-

---

19   Véase Brewer-Carías, A. R. *et al.*: *Ley Orgánica de Procedimientos Administrativos y legislación complementaria*, Editorial Jurídica Venezolana, Caracas 2009.

trativos de Bolivia (Art. 4.m: "La actividad y actuación de la Administración es pública, salvo que ésta u otras leyes la limiten"), y en el artículo 16 de la Ley 19.880 de Chile que se refiere en conjunto al "principio de transparencia y de publicidad," con arreglo al cual el procedimiento administrativo se debe realizar "con transparencia, de manera que permita y promueva el conocimiento, contenidos y fundamentos de las decisiones que se adopten en él" (art. 16). Ello implica como principio, que salvo las excepciones establecidas por la ley o el reglamento, son públicos los actos administrativos de los órganos de la Administración del Estado y los documentos que le sirvan de sustento o complemento directo o esencial.

En la Constitución dominicana, en todo caso, como se dijo, además del de transparencia, se enumera también el *principio de la publicidad*, que en el Código Colombiano desde 1984, se expresó al exigir que las autoridades deben dar "a conocer al público y a los interesados, en forma sistemática y permanente, sin que medie petición alguna, sus actos, contratos y resoluciones, mediante las comunicaciones, notificaciones y publicaciones que ordene la ley, incluyendo el empleo de tecnologías que permitan difundir de manera masiva tal información de conformidad con lo dispuesto en el Código (art. 3.9). El mismo principio se consagra en el artículo 16 de la Ley 19.880 de Chile que se refiere en conjunto al "principio de transparencia y de publicidad," con arreglo al cual el procedimiento administrativo se debe realizar "con transparencia, de manera que permita y promueva el conocimiento, contenidos y fundamentos de las decisiones que se adopten en él" (art. 16). Ello implica como principio, que salvo las excepciones establecidas por la ley o el reglamento, son públicos los actos administrativos de los órganos de la Administración del Estado y los documentos que le sirvan de sustento o complemento directo o esencial.

En cuanto al ***principio de economía***, el mismo fue desarrollado ampliamente en la Ley 19880 de Procedimientos Administrativos de Chile, en la forma siguiente:

"Artículo 9°. Principio de economía procedimental. La Administración debe responder a la máxima economía de medios con eficacia, evitando trámites dilatorios.

Se decidirán en un solo acto todos los trámites que, por su naturaleza, admitan un impulso simultáneo, siempre que no sea obligatorio su cumplimiento sucesivo.

Al solicitar los trámites que deban ser cumplidos por otros órganos, deberá consignarse en la comunicación cursada el plazo establecido al efecto.

Las cuestiones incidentales que se susciten en el procedimiento, incluso las que se refieran a la nulidad de actuaciones, no suspenderán la tramitación del mismo, a menos que la Administración, por resolución fundada, determine lo contrario".

De allí el principio general, que deriva del artículo 116 de la Ley de Honduras, conforme al cual "los funcionarios responsables de la tramitación de los expedientes adoptarán las medidas que conduzcan a evitar todo entorpecimiento o demora por innecesarias diligencias".

En el Código colombiano de 1984 también se encontraba una definición del principio de economía en este último sentido, la cual se ha cambiado en la reforma de 2010, que señalaba que:

"Las normas de procedimiento se utilicen para agilizar las decisiones, que los procedimientos se adelanten en el menor tiempo y con la menor cantidad de gastos de quienes intervienen en ellos, que no se exijan más documentos y copias que los estrictamente necesarios, ni autenticaciones ni notas de presentación personal sino cuando la ley lo ordene en forma expresa" (art. 3).

En el Decreto de Uruguay también se desarrolla el principio al prescribir en su artículo 8 que "en el procedimiento administrativo deberá asegurarse la celeridad, simplicidad y economía del mismo y evitarse la realización o exigencia de trámites, formalismos o recaudos innecesarios o arbitrarios que compliquen o dificulten su desenvolvimiento".

Por último, el otro principio que enumera el artículo 138 de la Constitución es el clásico *principio de la coordinación*, conforme al cual las autoridades deben concertar sus actividades, como lo indica el Código colombiano, "con las de otras instancias estatales en el cumplimiento de sus cometidos y en el reconocimiento de sus derechos a los particulares" (art. 3.10); principio que tradicionalmente ha sido tratado en general en el derecho comparado, más como principio de la organización administrativa que del procedimiento administrativo.

2. Los principios sobre los contratos del Estado

Además de las previsiones constitucionales en las cuales se regulan aspectos relativos a la actividad administrativa y en particular a los actos administrativos, en la Constitución de la República Dominicana, también se incorporaron previsiones destinadas a regulas aspectos de los contratos del Estado.

La denominación que utilizó la Constitución, en su artículo 220, en efecto, fue la de "contratos del Estado" superando la clásica denominación de "contrato administrativo" que ha sido tan difundida en el derecho administrativo contemporáneo particularmente como noción contrapuesta a los contratos de derecho privado de la Administración, y a la cual todos los que nos hemos ocupado del derecho administrativo le invertimos muchas páginas[20]. Con la denominación de contratos del Estado, se

---

20   Véase Brewer-Carías, A. R.: "La evolución del concepto de contrato administrativo," en *El Derecho Administrativo en América Latina, Curso Internacional,* Colegio Mayor de Nuestra Señora del Rosario, Bogotá 1978, pp. 143-167; *en Jurisprudencia Argentina,* N° 5.076, Buenos Aires, 13-12-1978, pp. 1-12; en *Libro Homenaje al Profesor Antonio Moles Caubet,* Tomo I, Facultad de Ciencias

apunta más bien identificar contratos en los cuales una de las partes de la relación contractual es una persona jurídica estatal, es decir, un órgano de los poderes públicos. Conforme a esta noción, todos los contratos del Estado están sujetos en una forma u otra al derecho público (administrativo), al menos en relación con las regulaciones relativas a las competencias de los entes y órganos públicos para suscribirlos, o a la selección de los contratistas (licitación), o en relación con su ejecución, de manera que no hay "contratos públicos que estén sólo sujetos al derecho privado" supuestamente opuestos a los "contratos administrativos sujetos al derecho administrativo"[21]. En cambio, hemos sostenido que "la noción de contrato administrativo solo puede ser aceptada para identificar un tipo de contrato público (contratos de Administración Publica) que en virtud de la finalidad de interés público perseguido con el mismo, está sujeto preponderantemente a un régimen de derecho público, pero no con el objeto de distinguir entre contratos públicos sometidos al derecho público y otros supuestamente sujetos a un régimen de derecho privado. La preponderancia de uno u otro régimen es ahora lo importante"[22]. Posteriormente hemos insistido en el mismo tema expresando que "las actividades de la Administración Publica están sujetas tanto al derecho público como al derecho privado, en un grado de preponderancia que varía de acuerdo con sus finalidades y naturaleza"; y que "todos los contratos públicos (o

---

Jurídicas y Políticas, Universidad Central de Venezuela, Caracas, 1981, pp. 41-69; "Evoluçao do conceito do contrato administrativo," en *Revista de Direito Publico* Nos. 51-52, Sao Paulo 1979, pp. 5-19; "Sobre los contratos del Estado en Venezuela," en *Revista Mexicana Statum Rei Romanae de Derecho Administrativo,* N° 6, Homenaje al Dr. José Luis Meilán Gil, Facultad de Derecho y Criminología de la Universidad Autónoma de Nuevo León, Monterrey, Enero-Junio 2011, pp. 207-252.

21   Véase Brewer-Carías, A. R.: *Contratos administrativos*, Caracas, 1992, pp. 14, 42, 43, 52, 53, 55, 71, 72.

22   *Idem*, p. 14.

contratos del Estado) están siempre sometidos tanto al derecho público como al derecho privado[23].

En este contexto es que en nuestro criterio se inserta el concepto de contrato del Estado en la Constitución de la República Dominicana. Sobre los mismos, y en relación con su sumisión al ordenamiento jurídico, el mismo artículo 220 de la Constitución dispone específicamente sobre los "contrato del Estado y de las personas de Derecho Público" celebrados "con personas físicas o jurídicas extranjeras domiciliadas en el país," que en los mismos debe constar el sometimiento de éstas a las leyes y órganos jurisdiccionales de la República. La norma, sin embargo, permite al Estado y a las demás personas de Derecho Público contratantes que puedan someter las controversias derivadas de la relación contractual a jurisdicciones constituidas en virtud de tratados internacionales vigentes, e igualmente, a arbitraje nacional e internacional, de conformidad con la ley. Otra norma que se refiere a contratos del Estado, es el artículo 17 de la Constitución relativo a la posibilidad de que los yacimientos mineros y de hidrocarburos y, en general, los recursos naturales no renovables, pueden ser explorados y explotados por particulares "en virtud de las concesiones, contratos, licencias, permisos o cuotas, en las condiciones que determine la ley;" en los cuales, conforme al artículo 67.4, debe considerarse incluida la obligación "de conservar el equilibrio ecológico, el acceso a la tecnología y su transferencia, así como de restablecer el ambiente a su estado natural, si éste resulta alterado."

---

23   Véase Brewer-Carías, A. R.: "La interaplicación del derecho público y del derecho privado a la Administración Pública y el proceso de huída y recuperación del derecho administrativo," en *Las Formas de la Actividad Administrativa. II Jornadas Internacionales de Derecho Administrativo "Allan Randolph Brewer-Carías"*, Fundación de Estudios de Derecho Administrativo, Caracas, 1996, pp. 58-60.

La Constitución, además, reguló los contratos del Estado, al prever su aprobación por el Congreso a propuesta del Presidente de la República (arts. 93.1.k y 128.1.d; 244); y al prever la autorización del propio Presidente respecto de los contratos de los ayuntamientos en los cuales se vendan inmuebles o se constituyan en garantías inmuebles o rentas municipales (art. 128.3.d).

3. *Los principios sobre los servicios públicos*

La Constitución de la República Dominicana, también contiene disposiciones sustantivas sobre la actuación de la Administración Pública, particularmente en materia de servicios públicos, a los cuales se define en su sentido propio como aquellos "destinados a satisfacer las necesidades de interés colectivo" que así sean declarados por ley (art. 147). Se trata en este sentido, de las actividades prestacionales que debe asumir el Estado, tendientes a satisfacer necesidades generales o colectivas, en cumplimiento de una obligación constitucional o legal y en relación con las cuales, los particulares se encuentran limitados en cuanto a poder desarrollarlas libremente, sea porque el Estado en algunos casos se las ha reservado, o sea porque el Estado las regula y ordena[24].

La noción constitucional resulta lo siguiente: En *primer lugar,* que el servicio público es siempre una actividad, es decir, de un conjunto de operaciones y tareas a cargo de un sujeto de derecho, consistente en dar o hacer algo a favor de otros, en su-

---

24   Véase Brewer-Carías, A. R.: "Comentarios sobre la noción de servicio público como actividad prestacional del Estado y sus consecuencias" en *Revista de Derecho Público*, N° 6, EJV, Caracas, 1981, pp. 65-71; "El régimen constitucional de los servicios públicos," en *VI Jornadas Internacionales de Derecho Administrativo "Allan R. Brewer-Carías",* Fundación de Estudios de Derecho Administrativo, Tomo I, Caracas 2002, y en *Estudios de Derecho Administrativo 2005-2007*, Editorial Jurídica Venezolana, Caracas 2007, pp. 528 ss.

ma, de prestar. Se trata, por tanto, de una actividad prestacional; pero no de cualquier tipo de prestación sino de una que es de interés general de toda la población, es decir, de la colectividad en general y por tanto, de interés colectivo, por lo que los sujetos a los cuales se destina son todos, es decir, el público en general. Por ejemplo, el servicio de correos, el servicio de protección a la salud, los servicios de transporte y los servicios de educación.

En *segundo lugar,* esa actividad prestacional para ser considerada como servicio público por su vinculación al interés general, corresponde cumplirla *obligatoriamente* al Estado, es decir, a los entes públicos, por estar así establecido en la Constitución o en las leyes. Por tanto, no toda actividad prestacional de interés público que realicen los entes públicos puede considerarse como un servicio público, sino sólo aquellas que éstos asumen porque cumplen una obligación constitucional o legal. Por ello, precisamente es que los servicios públicos no pueden ser prestados libremente por los particulares, sino mediante concesión, licencia, permiso o autorización, como por ejemplo, sucede con los servicios públicos domiciliarios y los servicios de policía.

En *tercer lugar,* tratándose de una actividad prestacional que corresponde como obligación al Estado, de acuerdo al principio de alteridad, los particulares, es decir, la colectividad o el público en general, es decir, los usuarios, tienen un correlativo derecho constitucional o legal a recibir la prestación, como sucede por ejemplo, con el derecho a la protección de la salud, e incluso, pueden reclamarlos judicialmente.

En *cuarto lugar,* desde el momento en el cual una actividad se configura como un servicio público a cargo de los entes públicos, la misma queda sustraída de las que pueden ser desarrolladas libremente por los particulares, en el sentido que esencialmente y conforme se establezca en las leyes (reserva legal), el Estado puede limitarlas y restringirlas. Esto no significa ni implica que el Estado necesariamente se deba o haya reservado la actividad para ser desarrollada exclusivamente por sus órganos y excluida del ámbito de la libertad económica de los particulares (lo que sucedería en caso de establecerse un monopolio, art. 50.1, Constitución), sino que en relación con ella, ésta no puede desarrollarse libremente, sino sometida a las limitaciones o restricciones que legalmente se establezcan y requiriéndose para ello, en general o una concesión (art. 53.3, Constitución), una autorización o cualquier tipo de autorización o habilitación.

Es decir, la obligación impuesta al Estado de realizar la prestación en el caso de los servicios públicos, no implica que su realización necesariamente quede siempre reservada al Estado con carácter de exclusividad y que quede excluida la libertad económica de manera que los particulares no puedan realizarla, lo que sólo ocurriría si se estableciese como monopolio en provecho del Estado (art. 50.1). La libertad económica, como derecho de toda persona de "dedicarse libremente a la actividad económica de su preferencia" (Art. 50 de la Constitución), conforme a la Constitución puede estar limitada, constitucional o legalmente, en una proporción inversa al grado de asunción de la actividad por parte del Estado: en unos casos, excepcionales, la libertad económica queda excluida totalmente por la reserva al Estado de los servicios (servicios de la defensa nacional y policía) (arts., 252, 255 Constitución); en otros casos, aún reservada al Estado y excluida del ámbito de la libertad económica, la actividad puede desarrollarse por los particulares mediante concesión otorgada por el Estado (art. 50.3); y en otros casos, en ausencia de reserva en provecho del Estado y existiendo la libertad económica de los particulares para realizarlas, lo que puede estar es restringida o limitada mediante ley, pudiendo realizarse por los particulares mediante autorizaciones o habilitaciones del Estado.

En esta materia, en todo caso, la Constitución establece varias previsiones de importancia. Primero, que el Estado debe garantizar el acceso a servicios públicos de calidad, "directamente o por delegación, mediante concesión, autorización, asociación en par-

ticipación, transferencia de la propiedad accionaria u otra moda-
lidad contractual, de conformidad con esta Constitución y la ley"
(art. 147.1). Segundo, que sea que los servicios públicos sean
prestados por el Estado o por los particulares, en las modalidades legales o contractuales, "deben responder a los principios de
universalidad, accesibilidad, eficiencia, transparencia, responsabilidad, continuidad, calidad, razonabilidad y equidad tarifaria"
(art. 147.2). Y tercero, que la regulación de los servicios públicos es facultad exclusiva del Estado. La ley podrá establecer que
la regulación de estos servicios y de otras actividades económicas se encuentre a cargo de organismos creados para tales fines
(art. 147.3).

VIII. EL PRINCIPIO DEL EJERCICIO INTERORGÁNICO DE LAS FUNCIONES DEL ESTADO, EN PARTICULAR DE LA FUNCIÓN ADMINISTRATIVA.

De acuerdo con la Constitución, el sistema de distribución
horizontal del poder entre el Poder Legislativo, el Poder Ejecutivo y el Poder Judicial, origina tres conjuntos de órganos que junto con otros órganos constitucionales (Consejo Nacional de la
Magistratura, Tribunal Constitucional, Defensor del Pueblo, Junta Central Electoral, Tribunal Superior Electoral, Cámara de
Cuentas), ejercen los poderes públicos.

Esta separación de poderes, sin embargo, no coincide con una
posible separación de funciones del Estado. Por "función" ha de
entenderse la acción que desarrollan los órganos estatales o la
actividad que desempeñan como tarea *que les es inherente*, en el
sentido que sólo en ejercicio del Poder Público pueden cumplir-
se. De ahí que la función es toda actividad de la propia esencia y
naturaleza de los órganos estatales y, por tanto, indelegable salvo que exista una autorización constitucional. En otras palabras,
las diversas funciones del Estado son sólo las diversas formas a

través de las cuales se manifiesta la actividad estatal[25]; que no pueden ser ejercidas por los particulares, y que no están atribuidas en forma exclusiva a los diversos órganos del Estado[26].

En el mundo contemporáneo estas funciones como tareas inherentes a los órganos del Estado pueden reducirse a las siguientes: la función normativa, la función política, la función administrativa, la función jurisdiccional y la función de control, a las cuales pueden reconducirse todas las actividades del Estado. Estas funciones, realizadas en ejercicio del Poder Público por los órganos estatales, sin embargo, como se dijo, no están encomendadas con carácter de exclusividad a cada órgano del Estado, sino que se ejercen en general, en una forma u otra, por todos ellos.

Así, la función normativa en el Estado contemporáneo es aquella actividad estatal que se manifiesta en la creación, modificación o extinción de normas jurídicas de validez general. Esta función normativa del Estado, en general se atribuye como función propia a los órganos que ejercen el Poder Legislativo, como es el caso, en el nivel nacional, del Congreso Nacional, al sancionar las leyes (art. 93.1.q: "legislar acerca de toda materia que no sea de la competencia de otro poder del Estado y que no sea contraria a la Constitución"), y en el nivel local, a los Consejos de Regidores, que son "órganos exclusivamente normativos" (arts. 201, 203), con "potestad normativa" y "funciones normativas" (art. 199) y art. 203: "normativa municipal"). Además, los

---

25   Véase, Brewer-Carías, A. R.: *Las Instituciones Fundamentales del Derecho Administrativo y la jurisprudencia Venezolana*, Caracas, 1964, p. 105.

26   Véase Brewer Carías, A. R.: "Algunas bases del Derecho Público en la jurisprudencia venezolana", en *RFD*, N° 27, 1963, pp. 143 y 144; y Brewer-Carías, A. R. *Jurisprudencia de la Corte Suprema (1930-1973) y Estudios de Derecho Administrativo*, Tomo I, (El ordenamiento constitucional y funcional del Estado), Caracas, 1975, pp. 147 y ss.

órganos del Poder legislativo, también ejercen la función normativa, mediante la emisión de otros actos parlamentarios, como son los reglamentos internos de las cámaras (art. 88), donde se debe regular, entre otros aspectos, asuntos de la inmunidad parlamentaria (art. 87); los reglamentos para el servicio interior y el despacho de los asuntos que le son peculiares a cada cámara, con la posibilidad incluso en ellos de que para el ejercicio de sus facultades disciplinarias, se establezcan las sanciones que procedan (art. 90.3); y el reglamento de organización y funcionamiento de la reunión conjunta de ambas cámaras (art. 199).

Pero, sin embargo, la función normativa no es exclusiva de los órganos que ejercen el Poder legislativo, y se realiza también por los órganos que ejercen los poderes públicos al dictar reglamentos (arts. 6; 185.1).

Por ejemplo, la función normativa se ejerce por el Presidente de la República al dictar los reglamentos que son actos administrativos de efectos generales (arts. 128,1.b; 258), que siempre están sometidos al condicionamiento de las leyes, dictados en general para asegurar su ejecución.

Igualmente otros órganos de los poderes públicos ejercen la potestad reglamentaria, como por ejemplo la Cámara de Cuentas, autorizada para "emitir normas con carácter obligatorio para la coordinación interinstitucional de los órganos y organismos responsables del control y auditoría de los recursos públicos" (art. 250.4). Además, la Junta Central Electoral "tiene facultad reglamentaria en los asuntos de su competencia" (art. 212) y en especial, tiene "facultad para reglamentar los tiempos y límites en los gastos de campaña, así como el acceso equitativo a los medios de comunicación (art. 212.IV). Por su parte, el Tribunal Superior Electoral tiene potestad constitucional para reglamentar "de conformidad con la ley, los procedimientos de su competencia y todo lo relativo a su organización y funcionamiento administrativo y financiero" (214). La misma competencia normativa la tienen, por supuesto, el Tribunal Constitucional en su orden interno, y la Suprema Corte de Justicia y el Consejo del Poder Judicial.

La función normativa, por tanto, si bien es una "función propia" del Congreso Nacional, no es una función privativa y exclusiva del mismo, pues los otros órganos estatales también la ejercen. Sin embargo, lo que sí es función privativa y exclusiva del Congreso Nacional es el ejercicio de la función normativa en una forma determinada, como cuerpo legislador y mediante la emisión de los actos estatales que se denominan leyes. Los otros órganos estatales que ejercen la función normativa, si bien realizan una función creadora dentro del ordenamiento jurídico, lo hacen a través de reglamentos.

Esto implica, además, que las leyes son actos estatales dictados en ejecución directa e inmediata de la Constitución y de rango legal; los reglamentos y demás actos administrativos de efectos generales son actos de ejecución directa e inmediata de la legislación y de rango sublegal.

Pero aparte de la función normativa, en el Estado contemporáneo ha ido delineándose otra función primordial, distinta de la función administrativa, por medio de la cual el Presidente de la República ejerce sus actividades como Jefe del Estado, y como Jefe de Estado y de Jefe de Gobierno (art. 128. 1, y 3). A través de esta función política, el Presidente de la República puede adoptar decisiones en virtud de atribuciones que le son conferidas directamente por la Constitución, en general sin condicionamiento legal, de orden político, las cuales, por tanto, exceden de la administración normal de los asuntos del Estado. Ello ocurre por ejemplo, cuando dirige las relaciones exteriores (art. 128.1.d; 128.3.b); cuando decreta los estados de excepción (art. 128.1.g), y adopta medidas en materia de policía y seguridad (art. 128.1.h). La característica fundamental de esta función política es que está atribuida en la Constitución directamente al Presidente de la República, es decir, al nivel superior del Poder Ejecutivo, no pudiendo otros órganos ejecutivos ejercerla.

Los órganos que ejercen el Poder Ejecutivo en esta forma, realizan fundamentalmente dos funciones propias: la función política y la función administrativa. La función política, como función del Presidente de la República, se ejerce en ejecución directa de atribuciones constitucionales, en general sin condicionamiento legal alguno. El Legislador, en esta forma, y salvo por lo que se refiere a los estados de excepción dada la autorización constitucional (Art. 338), no puede limitar las facultades políticas del jefe del Estado[27]. La función política, por tanto, se traduce en actos estatales de rango legal, en tanto que la función administrativa se traduce en actos estatales de rango sublegal.

Pero si bien la función política se ejerce con el carácter de función propia por el Presidente de la República en ejercicio del Poder Ejecutivo, ello tampoco se realiza con carácter excluyente, ya que el Congreso Nacional en ejercicio del Poder Legislativo también realiza la función política, sea a través de actos parlamentarios sin forma de ley[28], sea mediante leyes[29]. En estos casos, también, la función política realizada por los órganos del Poder Legislativo es una actividad de rango legal, es decir, de ejecución directa e inmediata de la Constitución. Pero si bien esta función puede ser realizada tanto por el Presidente de la República como por los órganos legislativos, por lo que no es exclusiva o excluyente, sin embargo, lo que sí es exclusiva de uno u otros órganos es la forma de su ejecución en los casos autorizados por la Constitución: la función política mediante decretos ejecutivos (actos de gobierno), se realiza en forma exclusiva por

---

27   El legislador, por ejemplo, no podría limitar las atribuciones del Presidente en la dirección de las relaciones exteriores.

28   Por ejemplo, cuando autoriza al Presidente de la República para decretar los estados de excepción, Art. 93.1.e.

29   La ley que concede amnistía por causas políticas, por ejemplo. Art. 93.1.p de la Constitución.

el Presidente de la República; y mediante leyes o actos parlamentarios sin forma de ley, por el Congreso Nacional.

Además de la función normativa y de la función política, los órganos estatales realizan la función jurisdiccional, es decir, conocen, deciden o resuelven controversias entre dos o más pretensiones, es decir, controversias en las cuales una parte esgrime pretensiones frente a otra. El ejercicio de la función jurisdiccional se ha atribuido como función propia a la Suprema Corte de Justicia, al Tribunal Constitucional, al Tribunal Superior Electoral y a los tribunales de la República, pero aquí también ello no implica una atribución exclusiva y excluyente, sino que, al contrario, los otros órganos estatales pueden ejercer la función jurisdiccional.

En efecto, los órganos que ejercen el Poder Ejecutivo, realizan funciones jurisdiccionales, cuando las autoridades administrativas deciden controversias entre partes, dentro de los límites de su competencia. Por tanto, la función jurisdiccional como actividad privativa e inherente del Estado mediante la cual sus órganos deciden controversias y declaran el derecho aplicable en un caso concreto, se ejerce por diversos órganos estatales en ejercicio del Poder Público: por la Suprema Corte de Justicia y los tribunales de la República, en ejercicio del Poder Judicial; y por los órganos administrativos en ejercicio del Poder Ejecutivo Nacional. La función jurisdiccional, por tanto, si bien es una "función propia" de los órganos judiciales, no es una función privativa y exclusiva de ellos, pues otros órganos estatales también la ejercen. Sin embargo, lo que sí es una función privativa y exclusiva de los tribunales es el ejercicio de la función jurisdiccional a través de un proceso (Art. 257) en una forma determinada: con fuerza de verdad legal, mediante actos denominados sentencias. Sólo los tribunales, siempre con autonomía e independencia, pueden resolver controversias y declarar el derecho en un caso concreto, con fuerza de verdad legal, por lo que sólo los órganos del Poder judicial pueden desarrollar la "función judicial" (función jurisdiccional ejercida por los tribunales) (art. 150.I).[30] Los demás órganos del Estado que realizan funciones jurisdiccionales lo hacen a través de actos administrativos condicionados por la legislación.

Además de la función normativa, de la función política y de la función jurisdiccional, los órganos del Estado también ejercen la función de control, cuando vigilan, fiscalizan, supervisan y velan por la regularidad del ejercicio de otras actividades estatales o de las actividades de los administrados y particulares.

El ejercicio de la función de control se ha atribuido como función propia a los órganos constitucionales de control, como por ejemplo, la Cámara de Cuentas, la Junta Central Electoral, o el defensor del Pueblo, pero en este caso, ello tampoco implica una atribución exclusiva y excluyente, sino que, al contrario, los otros órganos estatales pueden ejercer la función contralora. Es decir, el Congreso Nacional, en ejercicio del Poder Legislativo, ejerce la función de fiscalización y control sobre el gobierno y la Administración Pública Nacional y los funcionaros ejecutivos (Art. 93.2); el Presidente de la República como Jefe del Ejecutivo Nacional ejerce las funciones de control jerárquico en relación con los órganos de la Administración Pública y los órganos que ejercen el Poder Ejecutivo controlan las actividades de los particulares, de acuerdo a la regulación legal de las mismas; la Junta Central Electoral ejerce el control de las actividades relativas a las elecciones, y partidos políticos; y el Tribunal Constitucional ejerce las función de control de constitucionalidad de los actos del Estado.

---

30   El artículo 150.I. de la Constitución, en efecto dispone que "La función judicial consiste en administrar justicia para decidir sobre los conflictos entre personas físicas o morales, en derecho privado o público, en todo tipo de procesos, juzgando y haciendo ejecutar lo juzgado. Su ejercicio corresponde a los tribunales y juzgados determinados por la ley".

Por tanto, la función de control como actividad privativa e inherente del Estado mediante la cual sus órganos supervisan, vigilan y controlan las actividades de otros órganos del Estado o de los administrados, se ejerce por diversos órganos estatales en ejercicio del Poder Público: por los órganos de control que se conciben como órganos de los poderes públicos (Cámara de Cuentas, Junta Central Electoral, Defensor del Pueblo), y además, por el Congreso Nacional, en ejercicio del Poder Legislativo; por la Suprema Corte de Justicia, el Tribunal Constitucional, Tribunal Superior Electoral y los Tribunales de la República, en ejercicio del Poder Judicial; y por los órganos administrativos en ejercicio del Poder Ejecutivo Nacional y del Poder Electoral. La función de control, por tanto, si bien es una "función propia" de los órganos estatales de control fiscal, electoral y de derechos humanos, no es una función privativa y exclusiva de ellos, pues todos los otros órganos estatales también la ejercen.

Pero aparte de la función creadora de normas jurídicas de efectos generales (función normativa), de la función de conducción y ordenación política del Estado (función de conducción del gobierno), de la función de resolución de controversias entre partes declarando el derecho aplicable en casos concretos (función jurisdiccional) y de ejercer la vigilancia o fiscalización de actividades estatales y de los particulares (función de control), el Estado ejerce la función administrativa, a través de la cual entra en relación con los particulares, como sujeto de derecho, gestor del interés público[31]. De allí la distinción entre la función de cre-

---

31   Véase, Brewer-Carías: *Las Instituciones Fundamentales...*, *cit.*, p. 115. Si el Estado legisla, tal como lo señala Santi Romano, "no entra en relaciones de las cuales él, como legislador, sea parte: las relaciones que la ley establece o de cualquier modo contempla se desenvuelven después entre sujetos diversos del Estado o bien con el mismo Estado, pero no en su aspecto de legislador sino en otros aspectos mediante órganos diversos de los del Poder Legislativo". Véase el "Prime Pagine di un Manuale di Diritto Amministrativo", en *Scritti Minori*, Milano 1950, p. 363, *cit.*, por Boquera Oliver, J.

ar el derecho (normativa), de aplicar el derecho imparcialmente (jurisdiccional), y de actuar en relaciones jurídicas como sujeto de derecho, al gestionar el interés público (administrativa).

En las dos primeras, el Estado, al crear el derecho o al aplicarlo, es un tercero en las relaciones jurídicas que surjan; en la última, en cambio, el Estado es parte de la relación jurídica que se establece entre la Administración y los particulares, como sujeto de Derecho gestor del interés público. De allí que la personalidad jurídica del Estado, como se ha dicho, se concretice en el orden interno, cuando sus órganos ejercen la función administrativa.

Ahora bien, al igual que lo que sucede con la función normativa, política y jurisdiccional, la función administrativa tampoco está atribuida con carácter de exclusividad a alguno de los órganos del Poder Público. Por ello, si bien la función administrativa puede considerarse como función propia de los órganos ejecutivos, o más propiamente, de la Administración Pública, concretizada básicamente a través de actos administrativos, ello no significa que la ejerzan con carácter exclusivo y excluyente. Al contrario, todos los otros órganos del Estado también ejercen la función administrativa: el Congreso Nacional, al autorizar diversos actos de los órganos ejecutivos o al dictar actos relativos a su personal o servicios administrativos, realizan la función administrativa, y los órganos que ejercen el Poder Judicial o los órganos constitucionales de control realizan la función administrativa, al

---

M.: *Derecho Administrativo*, Vol. I, Madrid, 1972, p. 59. "Cuando el Estado juzga -señala J. González Pérez-, no es parte interesada en una relación jurídica; no es sujeto de derecho que trata de realizar sus peculiares intereses con arreglo al Derecho... cuando el Estado juzga satisface las pretensiones que una parte esgrime frente a otra; incide como tercero en una relación jurídica, decidiendo la pretensión ante él deducida con arreglo al ordenamiento jurídico". Véase en *Derecho Procesal Administrativo*, Madrid, 1966, Tomo II, p. 37.

dictar actos concernientes a la administración del personal o de los servicios de los órganos, o al imponer sanciones. En esta forma, la función administrativa, como actividad privativa e inherente del Estado mediante la cual sus órganos, en ejercicio del Poder Público, entran en relaciones jurídicas con los administrados, se puede realizar por los órganos administrativos, en ejercicio del Poder Ejecutivo Nacional; por el Congreso Nacional, en ejercicio del Poder Legislativo; y por los tribunales de la República, en ejercicio del Poder Judicial, y por los órganos constitucionales de control. La función administrativa, por tanto, si bien es una "función propia" de los órganos ejecutivos y de la administración pública, no es una función privativa y exclusiva de ellos, pues los otros órganos estatales también la ejercen dentro del ámbito de sus respectivas competencias constitucionales y legales. El acto administrativo, como concreción típica pero no única del ejercicio de la función administrativa, puede emanar por tanto de todos los órganos estatales en ejercicio del Poder Público, teniendo en todo caso carácter sublegal.

El concepto de funciones del Estado, en consecuencia, es distinto al de poderes públicos. Los poderes públicos, sus ramas o distribuciones, constituyen en sí mismos una situación jurídica constitucional individualizada, propia y exclusiva de los órganos del Estado, mediante cuyo ejercicio éstos realiza las funciones que le son propias. Las funciones del Estado, por su parte, constituyen las actividades propias e inherentes al Estado[32]. La noción de Poder es entonces previa a la de función: ésta se manifiesta como una actividad estatal específica realizada en ejercicio de los poderes públicos (de una de sus ramas o distribuciones), por lo que no puede existir una función estatal sino cuando se realiza en ejercicio de los poderes públicos, es decir, de la potes-

---

32   Véase, Brewer-Carías, A. R.: *Las Instituciones Fundamentales del Derecho Administrativo y la jurisprudencia Venezolana*, Caracas, 1964, pp. 105 y ss.

tad genérica de obrar que tiene constitucionalmente el Estado. Poder y función son, por tanto, distintos elementos en la actividad del Estado: el Poder Público o los poderes públicos como situación jurídico-constitucional, tiene su fuente en la propia Constitución y existe la posibilidad de ejercerlo desde el momento en que está establecido en ella; la función estatal, en cambio, presupone siempre el ejercicio del Poder Público por un órgano del Estado, y sólo cuando hay ejercicio concreto del Poder Público es que se realiza una función estatal.

De lo anteriormente expuesto resulta, por tanto, que a nivel de cada una de las ramas de los poderes públicos, si bien existe una diferenciación orgánica con la asignación de funciones propias a cada uno de los órganos que los ejercen, el ejercicio de las mismas por dichos órganos, en general no es exclusiva ni excluyente. En otras palabras, existen órganos legislativos nacionales, y municipales; órganos ejecutivos nacionales, regionales y municipales; órganos de control; órganos electorales; y órganos judiciales; pero las funciones normativas, política, administrativas, jurisdiccionales y de control del Estado no coinciden exactamente con alguna división o separación orgánica.

De allí que como principio general de la aplicación del principio de la separación de poderes en el régimen constitucional dominicano, puede afirmarse que la "separación de poderes" no coincide exactamente con la alguna "separación de funciones," en el sentido de que cada uno de los órganos del Estado sólo pueda ejercer una específica y única función que no pueda ejercerse por los otros órganos. Por ello, al contrario, tal como se explica a continuación, no sólo en múltiples oportunidades los órganos del Estado, además de sus "funciones propias" ejercen funciones que por su naturaleza deberían corresponder a otros órganos, sino que también en múltiples oportunidades la Constitución permite y admite la intervención o interferencia de unos órganos en las funciones propias de otros.

IX. EL PRINCIPIO DEL CARÁCTER INTER FUNCIONAL DE LOS ACTOS ESTATALES, EN PARTICULAR, DE LOS ACTOS ADMINISTRATIVOS.

De lo anteriormente dicho sobre el principio del carácter inter orgánico del ejercicio de las funciones estatales resulta, en efecto, como se ha dicho, que la separación orgánica de poderes no coincide con la distribución de funciones.

Pero, en el ordenamiento jurídico dominicano, tampoco el ejercicio de una función del Estado por determinado órgano del mismo, conduce necesariamente a la emisión de determinados actos estatales, es decir, tampoco hay coincidencia entre las funciones del Estado y los actos jurídicos que emanan de la voluntad estatal[33]. Ello conlleva a otro de los marcos constitucionales del derecho administrativo que es el del carácter inter funcional de los actos estatales.

En efecto, de lo expuesto anteriormente resulta que la función normativa la ejerce el Estado en República Dominicana a través de sus órganos legislativos (Congreso Nacional, Consejos de Regidores) cuando dictan leyes u ordenanzas; de sus órganos ejecutivos (Presidente de la República, y en general órganos de la Administración Pública) cuando dictan reglamentos; o de sus órganos jurisdiccionales (Tribunales), de los órganos constitucionales de control (Cámara de Cuentas, Junta Central Electoral, Defensor del Pueblo) y de los órganos electorales (Junta Central

---

33   La distinción entre funciones del Estado que la doctrina ha realizado, muchas veces se confunde al querer identificar un tipo de acto jurídico estatal con la función ejercida por el Estado. Véase Gordillo, A.: *Introducción al Derecho Administrativo*, Buenos Aires, 1966, pp. 91 y ss. Nosotros mismos hemos incurrido en esta confusión: Véase Brewer-Carías, A. R.: *Las Instituciones Fundamentales del Derecho Administrativo y la jurisprudencia Venezolana*, Caracas, 1964, pp. 108 y ss.

Electoral y Tribunal Superior Electoral) cuando ejercen también la potestad reglamentaria.

En cuanto a la función política, la ejerce el Estado a través de sus órganos legislativos (Congreso Nacional) y de sus órganos ejecutivos (Presidente de la República).

La función jurisdiccional la ejerce el Estado a través de sus órganos jurisdiccionales (Suprema Corte de Justicia, Tribunal Constitucional, Tribunal Superior Electoral y demás tribunales) los cuales tienen la exclusividad de la función jurisdiccional; y mediante actos administrativos de sus órganos ejecutivos (Administración Pública, Administración Local) y de sus órganos electorales (Junta Central Electoral) cuando declaran el derecho en casos concretos y resuelven conflictos entre partes en sede administrativa.

La función de control la ejerce el Estado en República Dominicana a través de sus órganos legislativos (Congreso Nacional), de sus órganos ejecutivos (Administración Pública), de sus órganos judiciales (Tribunales), de sus órganos de control (Cámara de Cuentas, Defensor del Pueblo), y de sus órganos electorales (Junta Central Electoral).

Y la función administrativa la ejerce el Estado a través de sus órganos ejecutivos (Administración Pública), de sus órganos electorales (Junta Central Electoral), de sus órganos legislativos (Congreso Nacional, Consejo de Regidores), de sus órganos judiciales (Suprema Corte de Justicia, Tribunal Constitucional, Tribunal Superior Electoral) y de sus órganos de control (Cámara de Cuentas, Defensor del Pueblo).

Consecuencialmente, de lo anterior no puede deducirse que todo acto realizado en ejercicio de la función normativa, sea un acto legislativo; que todo acto realizado en ejercicio de la función política, sea un acto de gobierno; que todo acto realizado en ejercicio de la función jurisdiccional, sea un acto judicial; que todo acto realizado en ejercicio de la función de control sea un acto administrativo o que todo acto realizado en ejercicio de la función administrativa, sea también un acto administrativo.

Al contrario, así como los diversos órganos del Estado realizan diversas funciones, los actos cumplidos en ejercicio de las mismas no son siempre los mismos ni tienen por qué serlo.

En efecto, tal como hemos señalado, el Congreso Nacional en ejercicio del Poder Legislativo puede ejercer funciones normativas, políticas, de control y administrativas, pero los actos que emanan de la misma al ejercer dichas funciones no son, necesariamente, ni uniformes ni correlativos.

Cuando al Congreso Nacional ejerce la función normativa, es decir, crean normas jurídicas de carácter general actuando como cuerpo legislador, dicta *leyes*, pero cuando lo hace en otra forma distinta, por ejemplo, al dictar sus reglamentos internos, ello lo hace a través de *actos parlamentarios sin forma de ley*. Ambos son actos legislativos, pero de distinto valor normativo. Cuando el Congreso Nacional ejerce la función política, es decir, intervienen en la formulación de las políticas nacionales, lo hacen a través de *leyes* o a través de *actos parlamentarios sin forma de ley*. Cuando el Congreso Nacional ejerce sus funciones de control respecto del Gobierno y la Administración Pública, también dicta *actos parlamentarios sin forma de ley*. Por último, en cuanto al ejercicio de la función administrativa por el Congreso Nacional, ella puede concretarse en *leyes*, *actos parlamentarios sin forma de ley* o *actos administrativos*.

Por su parte, cuando los órganos que ejercen el Poder Ejecutivo, particularmente el Presidente de la República, realizan la función normativa, ésta se concretiza en *reglamentos (actos administrativos de efectos generales)*. Pero el Presidente de la República también realiza la función política, al dictar *actos de gobierno*, que son actos dictados en ejecución directa e inmediata de la Constitución. En particular, en este caso, dichos actos de gobierno se caracterizan frente a los actos administrativos por dos elementos combinados: en primer lugar, porque el acto de gobierno sólo puede ser realizado por el Presidente de la República, como Jefe del Estado o Jefe del Gobierno; y en segundo lugar, porque se trata de actos dictados en ejecución de atribuciones establecidas directamente en la Constitución, sin posibilidad de condicionamiento legislativo, y que, por tanto, tienen el mismo rango que las leyes.

En todo caso, para distinguir el acto legislativo del acto de gobierno y del acto administrativo no sólo debe utilizarse el criterio orgánico, sino también el criterio formal: el acto de gobierno, aun cuando realizado en ejecución directa de la Constitución, está reservado al Presidente de la República, en tanto que el acto legislativo, realizado también en ejecución directa de la Constitución, en principio está reservado al Congreso Nacional. En esta forma, el criterio orgánico distingue el acto de gobierno del acto legislativo, y ambos se distinguen del acto administrativo mediante el criterio formal: tanto el acto de gobierno, como el acto legislativo (el dictado por el Congreso Nacional) se realizan en ejecución directa de competencias constitucionales, en tanto que el acto administrativo siempre es de rango sublegal, es decir, sometido a la ley y realizado en ejecución de la ley, y por tanto, en ejecución mediata e indirecta de la Constitución.

Es decir, los actos de gobierno se distinguen de los actos administrativos, en que estos se realizan a todos los niveles de la Administración Pública y siempre tienen rango sublegal, es decir, se dictan por los órganos ejecutivos en ejecución de atribuciones directamente establecidas en la legislación, y sólo en ejecución indirecta y mediata de la Constitución[34]. Pero además, en los casos de ejercicio de la función jurisdiccional, de la función de control y de la función administrativa, los órganos ejecutivos dictan, por ejemplo, *actos administrativos*.

---

34   En este sentido es que podría decirse que la actividad administrativa se reduce a ejecución de la ley.

En cuanto a los órganos que ejercen el Poder judicial, cuando por ejemplo la Suprema Corte de Justicia, el Tribunal Constitucional o el Tribunal Superior Electoral ejerce la función normativa, dictan reglamentos (actos administrativos de efectos generales), cuando ejerce la función administrativa y la función de control sobre el funcionamiento de la judicatura, dictan *actos administrativos*; y cuando ejerce la función jurisdiccional ("función judicial"), dictan *actos judiciales* (*sentencias*). El acto judicial, por su parte, también se distingue del acto de gobierno y de la acto legislativo con base en los dos criterios señalados: desde el punto de vista orgánico, porque el acto judicial está reservado a los Tribunales de la República, en tanto que el acto legislativo está reservado al Congreso Nacional, y el acto de gobierno está reservada al Presidente de la República[35]; y desde el punto de vista formal, porque al igual que el acto administrativo, el acto judicial es de rango sublegal, es decir, sometido a la ley y realizado en ejecución de la ley.

Por último, en cuanto a la distinción entre el acto administrativo y el acto judicial, si bien no puede utilizarse el criterio formal de su graduación en el ordenamiento jurídico ya que ambos son dictados en ejecución directa e inmediata de la legislación y en ejecución indirecta y mediata de la Constitución, sí se distinguen con base al criterio orgánico y a otro criterio formal. Desde el punto de vista orgánico, el acto judicial está reservado a los tribunales, como órganos dotados de autonomía e independencia (los órganos de la Administración Pública, en cambio son esen-

---

35   Puede decirse, entonces, que la separación orgánica de poderes tiene plena concordancia con la división orgánica de las actividades de gobierno (reservada al Presidente de la República), legislativas (reservadas al Congreso Nacional), y judiciales (reservada a los Tribunales). Por supuesto, la coincidencia de actividades específicas con órganos estatales determinados concluye allí, pues la actividad administrativa, al contrario, no está reservada a ningún órgano estatal específico, sino que se realiza por todos ellos.

cialmente jerarquizados), con carácter de exclusividad, ya que sólo éstos pueden dictar sentencias; y desde el punto de vista formal, la declaración de lo que es derecho en un caso concreto que realizan los órganos judiciales, se hace mediante un acto que tiene fuerza de verdad legal, que sólo las sentencias poseen.

Por su parte, cuando los órganos constitucionales que ejercen poderes públicos de control realizan la función de control, la función normativa y la función administrativa, la misma se concreta en *actos administrativos de efectos generales* (*reglamentos*) *o de efectos particulares*. Igualmente, cuando los órganos constitucionales que ejercen el poder electoral realizan la función normativa, dictan *actos administrativos de efectos generales* (*reglamentos*); y cuando realizan la función administrativa y de control, la misma se concreta en *actos administrativos*.

En esta forma, el ejercicio de la función normativa se puede manifestar, variablemente, a través de leyes, actos parlamentarios sin forma de ley, y reglamentos (actos administrativos de efectos generales); el ejercicio de la función política, a través de actos de gobierno, leyes y actos parlamentarios sin forma de ley; el ejercicio de la función jurisdiccional, a través de actos parlamentarios sin forma de ley, actos administrativos y sentencias; el ejercicio de la función de control, a través de leyes, actos parlamentarios sin forma de ley, actos administrativos y sentencias; y el ejercicio de la función administrativa, a través de leyes, actos parlamentarios sin forma de ley y actos administrativos.

En sentido inverso, puede decirse que las leyes sólo emanan del Congreso Nacional actuando no sólo en ejercicio de la función normativa, sino de la función política, de la función de control y de la función administrativa; que los actos de gobierno emanan del Presidente de la República, actuando en ejercicio de la función política; que los actos parlamentarios sin forma de ley sólo emanan del Congreso Nacional, actuando en ejercicio de las funciones normativas, política, de control y administrativa; y que los actos judiciales (sentencias) sólo emanan de los tribunales, actuando en ejercicio de la función jurisdiccional. En todos estos casos, el tipo de acto se dicta exclusivamente por un órgano estatal, pero en ejercicio de variadas funciones estatales. Lo privativo y exclusivo de los órganos estatales en esos casos, no es el ejercicio de una determinada función, sino la posibilidad de dictar determinados actos: las leyes y los actos parlamentarios sin forma de ley por el Congreso Nacional; los actos de gobierno por el Presidente de la República; y los actos judiciales (sentencias) por los tribunales.

En cuanto a los actos administrativos, éstos pueden emanar del Congreso Nacional, actuando en función administrativa y en función de control; de los tribunales, actuando en función normativa, en función de control y en función administrativa; de los órganos que ejercen el Poder Ejecutivo (Administración Pública) cuando actúan en función normativa, en función jurisdiccional, en función de control y en función administrativa; de los órganos constitucionales de control o electorales actuando en función normativa, en función de control y en función administrativa.

Los actos administrativos en esta forma, y contrariamente a lo que sucede con las leyes, con los actos parlamentarios sin forma de ley, con los actos de gobierno y con las sentencias judiciales, no están reservados a determinados órganos del Estado, sino que pueden ser dictados por todos ellos y no sólo en ejercicio de la función administrativa.

X. EL PRINCIPIO DE LA UNIVERSALIDAD DEL CONTROL DE LA ACTIVIDAD ESTATAL: EL CONTROL DE CONSTITUCIONALIDAD POR LA JURISDICCIÓN CONSTITUCIONAL Y EL CONTROL DE CONTRARIEDAD AL DERECHO POR LA JURISDICCIÓN CONTENCIOSO ADMINISTRATIVO

La consecuencia de los principios de supremacía constitucional, de formación del derecho por grados y de legalidad es que todos los actos estatales están sometidos a control jurisdiccional, por lo que en el ordenamiento jurídico dominicano puede decirse que no hay actos estatales excluidos de ese control. De allí que dentro del marco constitucional del derecho administrativo también se identifique el principio de la universalidad del control de los actos estatales por parte de los órganos del Poder Judicial.

Por ello, dejando aparte el control judicial que se ejerce sobre los actos judiciales (sistemas procesales de apelación, revisión y casación (art. 154, Constitución), los demás actos estatales están sujetos al control judicial por parte de los jueces competentes para ejercer tanto la justicia constitucional como la justicia contencioso administrativa.

1. *El control de la constitucionalidad a cargo del Tribunal Constitucional (Jurisdicción Constitucional)*

En cuanto al sistema de justicia constitucional, en República Dominicana el mismo tiene por objeto asegurar la supremacía normativa de la Constitución, la defensa del orden constitucional y la protección de los derechos fundamentales, y está concebido como un sistema mixto, en el cual el control difuso de la constitucionalidad está atribuido a todos los tribunales de la República con competencia para declarar los actos estatales normativos inconstitucionales e inaplicarlos en los casos concretos que decidan (art. 188); el control concentrado de constitucionalidad está atribuido al Tribunal Constitucional con competencia para anular actos estatales violatorios de la Constitución, (leyes, decretos, reglamentos, resoluciones y ordenanzas) con poderes anulatorios y efectos *erga omnes*. (art. 184); y la protección de los derechos fundamentales está atribuida mediante las acciones de amparo, habeas corpus y habeas data, a todos los tribunales de la República (art. 70-72), cuyo objeto específico es asegurar la vigencia de la parte dogmática de la Constitución, es decir, de los derechos fundamentales declarados en el texto constitucional, y en el caso de la República Dominicana, también los declarados en los tratados internacionales de derechos humanos a los que se da rango constitucional (art. 74,3).

Ahora bien, en cuanto al método difuso de control de constitucionalidad, como poder atribuido a todos los jueces para poder decidir sobre la inconstitucionalidad de una ley o norma que deba aplicarse en un caso concreto, desaplicándola y aplicando preferentemente la Constitución (art. 188), responde al principio de la garantía objetiva de la supremacía de la Constitución. Conforme a este principio, todo acto contrario a la Constitución debe considerarse inconstitucional; y todos los jueces tienen el poder-deber de apreciar dicha inconstitucionalidad. Ello es la consecuencia lógica cuando se habla de la Constitución como "norma suprema y fundamento de todo el ordenamiento jurídico" (art. 6). Este método difuso de control de la constitucionalidad, en todo caso, se caracteriza por ser de carácter incidental, en el sentido de que se ejerce por el juez al decidirse un caso concreto, como poder que incluso en algunos países, puede ejercer cualquier juez, incluso de oficio. En la República Dominicana la Constitución habla de excepción de constitucionalidad (art. 188) que el juez debe decidir, con efectos *inter partes* y meramente declarativos. El juez, en estos casos, nunca anula la ley, sólo la considera nula, por lo que la decisión tiene efectos *ex tunc, pro praeterito*.

La eventual falta de uniformidad que pueda resultar del ejercicio del control difuso de constitucionalidad, se resuelve en la Constitución al atribuirse al Tribunal Constitucional competencia en paralelo para ejercer el método concentrado de control de constitucionalidad de los actos estatales (leyes, decretos, reglamentos, resoluciones y ordenanzas), se entiende de las leyes y demás actos estatales de ejecución directa de la Constitución, para adoptar sus decisiones del carácter vinculante, es decir, considerando que "constituyen precedentes vinculantes para los poderes públicos y todos los órganos del Estado "(art. 184).

En cuanto a este control concentrado de la constitucionalidad, fundamentalmente dirigido para asegurar frente a los actos estatales no sólo la efectiva vigencia de la parte dogmática sino básicamente de la parte orgánica de la Constitución construida sobre la base de los principios de la separación orgánica de los poderes públicos y de su distribución territorial. Precisamente para ello, a los efectos de velar por el respeto del principio de la separación de poderes, en República Dominicana el Tribunal Constitucional, además de la competencia para anular actos estatales, tiene competencia para resolver los "conflictos de competencia" entre los poderes públicos (art. 185,3), básicamente, entre los poderes Legislativo y Ejecutivo y, además, respecto de los otros órganos constitucionales con autonomía funcional, de manera que todos actúen conforme a los poderes atribuidos en la Constitución, sancionando toda usurpación, por inconstitucionalidad. Además, corresponde al Tribunal Constitucional, mantener el principio de la distribución territorial del poder que establece la Constitución conforme al esquema de descentralización política adoptado, haciendo respetar la autonomía de las entidades municipales que están constitucionalmente establecidas. En el caso de los Municipios que en República Dominicana se dotan de autonomía (art. 199), los conflictos de competencia de rango constitucional también caerían bajo la competencia del Tribunal Constitucional.

Por último, también podría formar parte del objeto del control judicial de la constitucionalidad el velar por el mantenimiento del régimen político democrático, de manera de asegurar que no se rompa; sancionando cualquier actuación que sea contraria a los valores de la democracia que establece la Constitución; por ejemplo, cuando la Constitución dispone que la actuación de los partidos debe realizarse "con sujeción a los principios establecidos en esta Constitución (art. 216).

El método concentrado de control de constitucionalidad, a diferencia del método difuso, se ejerce en un proceso que se desarrolla ante el Tribunal Constitucional en el cual su objeto principal es, precisamente, la decisión sobre la inconstitucionalidad de un acto estatal (leyes, decretos, reglamentos, resoluciones y ordenanzas), la cual cuando declara con lugar la acción respectiva, consiste en una decisión anulatoria del mismo, con efectos generales, *erga omnes*, y en general *ex nunc*, es decir *pro futuro* teniendo la decisión en consecuencia, carácter constitutivo. Este control está concebido en la Constitución en general como un control posterior, respecto de actos estatales vigentes, aun cuando se regula también como control previo respecto de" los tratados internacionales antes de su ratificación por el órgano legislativo" (art. 185,2).

Ahora bien, en el marco de este panorama, puede decirse que en República Dominicana, la justicia constitucional no se concentra en un solo órgano jurisdiccional como el Tribunal Constitucional. Se distinguen así, las nociones de "justicia constitucional" y de "Jurisdicción Constitucional," de manera que esta última como noción orgánica, identifica un órgano que ejerce el control concentrado de la constitucionalidad de las leyes y demás actos estatales generalmente de ejecución inmediata de la Constitución, con poderes anulatorios de las mismas; pero el cual no tiene el monopolio de la "justicia constitucional." Por ello, la noción de "justicia constitucional," como noción material equiparable a "control de constitucionalidad," se ejerce además de la Jurisdicción Constitucional por todos los jueces u órganos jurisdiccionales mediante el método difuso de control de constitucionalidad. Por ello, en la Constitución, además de crearse el Tribunal Constitucional como "Jurisdicción Constitucional," se regulan las competencias en materia de justicia constitucional que ejercen los demás tribunales cuando conocen de las acciones de hábeas corpus, amparo o hábeas data, o cuando ejercen el método de control difuso de la constitucionalidad de las leyes[36].

---

36   Véase en general Brewer-Carías, A. R.: "El sistema de justicia constitucional en la República Dominicana y el proyecto de Ley Orgánica del Tribunal Constitucional y de los Procedimientos Constitucionales (2011), en *VII Encuentro Iberoamericano de de-*

2. El control de la contrariedad al derecho de los actos administrativos (Jurisdicción contencioso administrativa)

Pero en paralelo al sistema de justicia constitucional, en la Constitución de la República Dominicana para asegurar la sumisión y conformidad al derecho de los reglamentos y demás actos administrativos, conforme al principio de la legalidad que deriva del Estado de Derecho, también se ha previsto la garantía judicial específica a cargo de los tribunales de la Jurisdicción contencioso-administrativa, es decir, del conjunto de órganos judiciales encargados de controlar la legalidad y la legitimidad de las actuaciones de la Administración, tanto por sus actos, omisiones y en general la actividad administrativa, como por las relaciones jurídico-administrativas en las cuales aquélla intervenga[37]. La norma fundamental que constitucionaliza esta jurisdicción en República Dominicana está contenida en el artículo 165.2 de la Constitución, que atribuye a los tribunales de la misma competencia para:

"Conocer de los recursos contenciosos contra los actos, actuaciones y disposiciones de autoridades administrativas contrarias al Derecho como consecuencia de las relaciones entre la Administración del Estado y los particulares...(..)".

---

recho procesal Constitucional, Comisionado de Apoyo a la Reforma y Modernización de la Justicia, Instituto Iberoamericano de Derecho procesal Constitucional, Santo Domingo 2011, Tomo I, pp. 285-330; "El sistema de justicia constitucional en la República Dominicana y el proyecto de Ley Orgánica del Tribunal Constitucional y de los Procedimientos Constitucionales (marzo, 2011), *Revista de Derecho Público*, N° 125, (enero-marzo 2011), Editorial Jurídica Venezolana, Caracas 2011, pp. 71-97

37   Brewer-Carías, A. R.: *Las Instituciones Fundamentales del Derecho Administrativo y. la Jurisprudencia Venezolana*. Publicaciones de la Facultad de Derecho, Universidad Central de Venezuela, Caracas, 1964, pp. 295 y ss.

Ahora bien, el establecimiento paralelo de un sistema de control judicial de conformidad con el derecho de los actos estatales, atribuido en la República Dominicana por una parte a la Jurisdicción Constitucional, para el control de constitucionalidad, y una Jurisdicción Contencioso Administrativa, para el control de conformidad con el derecho, impone la realización de una tarea inicial fundamental consistente en establecer una clara distinción entre ambas Jurisdicciones, la cual en el caso de la República Dominicana como es en general en el derecho comparado, se ha establecido en la Constitución en relación con los actos impugnados y no con los motivos de impugnación, en el sentido de que la Jurisdicción Constitucional no es la única que controla la constitucionalidad de los actos estatales pues la Jurisdicción Contencioso Administrativa también controla la constitucionalidad de los actos estatales. En ambos casos, los tribunales actúan como juez constitucional, y lo que las diferencia es el objeto del control, es decir, los actos sometidos a control en una y otra.

Para ello, resultan fundamentales las previsiones de la Constitución. En cuanto a la jurisdicción contencioso administrativa, la competencia de los tribunales de la misma es para conocer de la impugnación de los actos administrativos, o como lo dice el artículo 165.2 de la Constitución, de "los actos, actuaciones y disposiciones de autoridades administrativas contrarias al Derecho como consecuencia de las relaciones entre la Administración del Estado y los particulares;" y por "contrariedad al derecho" ha de entenderse tanto por vicios de inconstitucionalidad como por vicios de legalidad propiamente dicha. Por supuesto, la clave de esta norma está en determinar primero, que los actos administrativos normativos, como los reglamentos, son actos administrativos; y además, segundo, que no hay actos administrativos que estén excluidos del control contencioso administrativo. El control de la conformidad al derecho por la Jurisdicción contencioso administrativa, por tanto, se refiere a los actos administrativos, cualquiera que sea la "forma" jurídica que revistan y el órgano estatal que los dicte, incluidos en ellos decretos, reglamentos y resoluciones, siempre que sean de carácter sublegal.

En cuanto a la Jurisdicción Constitucional, la competencia del Tribunal Constitucional es para conocer de las "acciones directas de inconstitucionalidad contra las leyes, decretos, reglamentos, resoluciones y ordenanzas," tal como lo establece el artículo 185,2 de la Constitución, lo cual, sólo se refiere a aquellos que sean de ejecución directa e inmediata de la Constitución. El objeto del control en este caso, por el Tribunal Constitucional, y por motivos de inconstitucionalidad, no puede ser de todos los "decretos, reglamentos, resoluciones y ordenanzas" aún cuando sean actos administrativos, pues ello dejaría sin buena parte de su competencia a la Jurisdicción Contencioso Administrativa, e implicaría reducir "contrariedad al derecho" a lo contrario a la ley o a la legalidad, lo que no se ajustaría a la Constitución.

Sin duda, será la jurisprudencia tanto del Tribunal Constitucional como de los tribunales de la Jurisdicción Contencioso Administrativa la que irá determinando cuáles "decretos, reglamentos, resoluciones," son actos administrativos y por tanto sujetos al control de la Jurisdicción contencioso administrativa; y cuáles otros "decretos, reglamentos, resoluciones" no son actos administrativos y por tanto, sujetos al control de la Jurisdicción constitucional; y la clave para ello no es otra que la interpretación del sistema jurídico conforme a la doctrina de la creación del derecho por grados antes comentado, de manera que llámense como se llamen los actos estatales, estarán sometidos al control de la Jurisdicción Constitucional, las leyes nacionales y las ordenanzas municipales, y todos los demás actos estatales, llámense "decretos, reglamentos o resoluciones," siempre que los mismos sean dictados en ejecución directa e inmediata de la Constitución. Del resto, los otros actos estatales, llámense igualmente "decretos, reglamentos o resoluciones," serían actos administrativos dictados en ejecución directa de la legislación (e indirecta de la Constitución) y por tanto sometidos al control de la Jurisdicción contencioso administrativa.

En todo caso, y por lo que respecta al artículo 165.2 de la Constitución de la República Dominicana, y su efecto inmediato, que ha sido la constitucionalización de la jurisdicción contencioso-administrativa, radica en los siguientes cuatro aspectos[38]:

En *primer* lugar, en la *universalidad del control* que la Constitución regula respecto de los actos administrativos, es decir, de los "los actos, actuaciones y disposiciones de autoridades administrativas contrarias al Derecho como consecuencia de las relaciones entre la Administración del Estado y los particulares," en el sentido, de que todos, absolutamente todos los actos administrativos pueden ser sometidos a control judicial por los órganos de la jurisdicción contencioso- administrativa, por contrariedad al derecho, es decir, sea cual sea el motivo de la misma: inconstitucionalidad o ilegalidad en sentido estricto. La Constitución no admite excepciones, y "contrarios a derecho" es una enunciación general que precisamente evita enumeraciones que podrían ser peligrosas al dejar fuera de control algunos actos administrativos.

Por tanto, la intención de la norma del artículo 165.2 fue la de que a todos los actos administrativos, por cualquier motivo de impugnación que fuese, por contrariedad al derecho, pueden ser controlados por los Tribunales que conforman la Jurisdicción contencioso-administrativa. Ello, por supuesto, trae una consecuencia fundamental: cualquier exclusión de control respecto de actos administrativos específicos sería inconstitucional, sea que dicha exclusión se haga por vía de ley o por las propias decisiones de los Tribunales.

---

38   Brewer-Carías, A. R.: *Nuevas Tendencias en el Contencioso Administrativo en Venezuela*, Caracas, 1993.

A los efectos de asegurar la universalidad del control contencioso administrativo, que es una característica del tema en el derecho comparado, han sido los propios órganos de la jurisdicción contencioso administrativa los que han venido ampliando el concepto de acto administrativo, a los efectos de asegurar que todo acto administrativo pueda ser objeto de control judicial, de manera que no haya actos administrativos que queden excluidos de control. Es la tendencia a la universalidad del control que hemos destacado en otro lugar[39], lo que ha permitido, como hemos señalado, someter a control de legalidad y constitucionalidad a los actos administrativos dictados por las Administraciones Públicas en función normativa y jurisdiccional, así como los actos administrativos dictados por otros órganos del Estado distintos a la Administración Pública, y por entes de derecho privado o de derecho público no estatales, y por particulares dictados en función normativa o administrativa[40].

En *segundo* lugar y como consecuencia de esta tendencia hacia la universalidad del control, está el elenco de *recursos y acciones* puestos a disposición de los particulares para acceder a la justicia contencioso administrativa que, por supuesto, además del recurso de nulidad contra los actos administrativos de efectos generales o de efectos particulares, o contra los actos administrativos generales o individuales, con o sin pretensión de amparo constitucional, comprende el recurso por abstención o negativa de los funcionarios públicos a actuar conforme a las obligaciones legales que tienen; el conjunto de demandas contra los entes

---

39   Véase Brewer Carías, A. R.: "La universalidad del control contencioso administrativo" en *Libro de la Amistad en Homenaje a Enrique Pérez Olivares,* Caracas 1992, pp. 203-226; y en *Nuevas Tendencias en el Contencioso Administrativo en Venezuela,* Caracas, 1993, pp. 19 y ss.

40   Véase Brewer Carías: *Nuevas Tendencias en el Contencioso Administrativo en Venezuela, cit.,* pp. 25 y ss.

públicos; y las acciones para resolver los conflictos entre autoridades administrativas del Estado.

Pero en *tercer lugar*, la importancia de la constitucionalización de la jurisdicción contencioso-administrativa, es decir, del control judicial de constitucionalidad y legalidad de todos los actos administrativos, está en que no sólo la norma constitucional del artículo 165.2 persigue una asignación de competencias a unos órganos judiciales, sino en que consagra un *derecho fundamental del ciudadano a la tutela judicial efectiva frente a la Administración*, en el sentido de lo establecido en el artículo 69 de la propia Constitución. En esta forma, la jurisdicción contencioso administrativa se configura constitucionalmente como un instrumento procesal de protección de los administrados frente a la Administración, y no como un mecanismo de protección de la Administración frente a los particulares. De allí la ratificación del principio de la universalidad del control, en el sentido de que tratándose de un derecho constitucional al mismo, no podría el Legislador excluir de control a determinados actos administrativos. Por otra parte, tratándose de un derecho fundamental al control, en la relación privilegios estatales-libertad ciudadana, esta última debe prevalecer.

Además, en *cuarto* lugar, la forma como están concebidas constitucionalmente la universalidad de control y el derecho ciudadano a la tutela judicial frente a la Administración, implica la asignación al juez contencioso-administrativo de *amplísimos* poderes de tutela, no sólo de la legalidad objetiva que debe siempre ser respetada por la Administración, sino de las diversas situaciones jurídicas subjetivas que pueden tener los particulares en relación a la Administración. Por ello, el juez contencioso-administrativo tiene competencia no sólo para anular los actos administrativos contrarios a derecho, sino para resolver "las acciones contencioso administrativas que nazcan de los conflictos surgidos entre la Administración Pública y sus funcionarios y empleados civiles" (art. 165.3); lo que le permite condenar a la

Administración o a los funcionarios al pago de sumas de dinero y a la reparación de daños y perjuicios originados en responsabilidad de los mismos, y además, para disponer lo necesario para el restablecimiento de las situaciones jurídicas subjetivas lesionadas por la autoridad administrativa.

XI. EL PRINCIPIO DE LA RESPONSABILIDAD DEL ESTADO Y DE LOS FUNCIONARIOS PÚBLICOS

El marco constitucional de la responsabilidad administrativa, tanto del Estado como de los funcionarios públicos está previsto en el artículo 148 de la Constitución, conforme al cual "las personas jurídicas de derecho público y sus funcionarios o agentes serán responsables, conjunta y solidariamente, de conformidad con la ley, por los daños y perjuicios ocasionados a las personas físicas o jurídicas por una actuación u omisión administrativa antijurídica".

En efecto, la realización de las actividades estatales como resultado del ejercicio de competencias por los titulares de los órganos que ejercen los poderes públicos, como toda actividad en el mundo del derecho, puede producir daños a los administrados, particularmente como resultado del ejercicio ilícito (antijurídico) de los poderes públicos. Si estos daños se producen, tanto los titulares de los órganos del Estado (los funcionarios públicos), como las personas jurídicas estatales deben responder por los mismos en forma conjunta y solidaria.

En consecuencia, la responsabilidad de los funcionarios cuando en ejercicio de los poderes públicos causen daños, puede originarse por abuso de poder, es decir, por el llamado vicio en la causa de los actos estatales (falso supuesto, por ejemplo); por desviación de poder, que es el vicio en la finalidad del acto estatal, al utilizarse el poder conferido para perseguir fines distintos a los establecidos en la norma atributiva de competencia; y en general, por violación de la Constitución o de la Ley, es decir, en general, por contrariedad al derecho[41]. Debe indicarse, por otra parte, que la Constitución, reafirmando la responsabilidad de los funcionarios, en particular respecto de los jueces (art. 151.2), que puede ser, por ejemplo, por los daños causados a los ciudadanos en el ejercicio de sus funciones, por ejemplo, por retardo o error judicial.

Pero además de haber establecido la responsabilidad individual de los funcionarios, la Constitución prevé expresamente el principio de la responsabilidad patrimonial del Estado, en particular, de las "personas jurídicas de derecho público" por los daños y perjuicios ocasionados a las personas físicas o jurídicas por una actuación u omisión administrativa antijurídica, es decir, de las personas jurídicas estatales que resultan de la distribución vertical de los poderes públicos (Estado, Administración Local: Distrito Nacional, municipios y distritos municipales) (artículo 199), y las personas jurídicas de derecho público no territoriales como los "organismos autónomos y descentralizados" (art. 141) y las que así regula directamente la Constitución, como el Banco Central de la República (art. 222), la Junta Central Electoral (art. 212) y la Cámara de Cuentas (art. 248).

En la Constitución, en todo caso, sólo se regula la responsabilidad administrativa conjunta y solidaria entre el funcionario y el Estado respecto de los daños y perjuicios que se causen con ocasión de la actuación o la omisión administrativas "antijurídicas" (art. 148), lo que implica que el funcionamiento de la Administración Pública para generar responsabilidad conjunta y solidaria del funcionario y del Estado, debe ser un "funcionamiento anormal" contrario a la ley. Ello no excluye, por supuesto, la

---

41   Véase Brewer Carías, A. R.: "La responsabilidad administrativa de los funcionarios públicos", en Brewer-Carías, A. R. *ET AL.*: *Ley Orgánica de Salvaguarda del Patrimonio Público*, Colección Textos Legislativos, N° 2, Editorial Jurídica Venezolana, Caracas 1983, pp. 7-77.

responsabilidad civil del Estado que pueda derivarse de daños y perjuicios que se causen a los particulares por actuaciones lícitas de los funcionarios, es decir, sin su culpa o falta. La Constitución, en definitiva, sólo reguló un supuesto de responsabilidad subjetiva (solidaria y conjunta del funcionario y del Estado) por actuaciones "antijurídicas" de los funcionarios, lo que no excluye que un perjuicio singular o individualizado ocasionado con motivo de una actividad administrativa lícita también pueda generar responsabilidad del Estado, fundado en el principio constitucional de igualdad ante las cargas públicas.

LOS PRINCIPIOS DEL PROCESO CONTENCIOSO ADMINISTRATIVO EN LA CONSTITUCIÓN DE REPÚBLICA DOMINICANA

Víctor Rafael Hernández-Mendible

I. INTRODUCCIÓN

Una de las proyecciones del supraprincipio republicano de gobierno[1], consiste en que el sistema de control de la actividad administrativa que realizan los órganos que ejercen el Poder Público es judicialista[2], es decir, es efectuado por el Poder Judicial conforme a la Constitución y las leyes[3].

---

1 Hernández-Mendible, V.: "Los principios generales del Derecho en el Derecho Administrativo", *Los Principios en el Derecho Administrativo Iberoamericano,* Netbiblo-Junta de Castilla y León, Valladolid-Salamanca, 2008, p. 676.

2 En la doctrina científica venezolana puede consultarse Brewer Carías, A.: *Nuevas Tendencias en el Contencioso-Administrativo en Venezuela,* Editorial Jurídica Venezolana, Caracas, 1993, p. 13; Linares Martínez, A.: "Ámbito y objeto de la jurisdicción contencioso administrativa: Hacia la consolidación de tribunales de plena jurisdicción", *Procedimiento y Justicia Administrativa en América Latina,* Konrad Adenauer Stiftung, México, 2009, p. 295. La explicación del sistema judicialista en la República Argentina, puede leerse en Cassagne, J. C.: "El sistema judicialista argentino", *Tratado de Derecho Procesal Administrativo,* tomo I, La Ley, Buenos

En la actualidad el control jurisdiccional de la actividad administrativa efectuada por los órganos que ejercen el Poder Judicial, se debe realizar a través del proceso administrativo, que constituye el instrumento mediante el cual se garantiza tanto el ejercicio de la tutela judicial efectiva como del debido proceso[4].

Esto tiene particular relevancia, si se tiene presente que en el año 2010 se produjo una modificación constitucional por la Asamblea Nacional Revisora, que desde la perspectiva de los derechos fundamentales, vino a ampliar el catálogo de derechos anteriormente reconocidos y que en el ámbito procesal se tradujo en la denominada constitucionalización del proceso en general, con su consecuente proyección sobre el procedimiento administrativo y el proceso administrativo[5].

La materialización de lo señalado se aprecia en el hecho que a partir de 2010, ambos derechos: tutela judicial efectiva y debido proceso, han sido objeto de reconocimiento expreso en la norma suprema, tanto al otorgársele jerarquía normativa constitucional a las convenciones y los tratados internacionales en materia de derechos humanos[6-7], válidamente suscritos y ratificados por la

---

Aires, 2007, pp. 49-72; y más recientemente, Hutchinson, T.: *Derecho Procesal Administrativo,* tomo I, Rubinzal-Culzoni, Buenos Aires, 2009, pp. 347-380.

3   Artículos 149, párrafos I, II y III, 165.1 y 165.2 de la Constitución.

4   Artículo 69 de la Constitución.

5   Artículo 69.10 de la Constitución.

6   El artículo 74.3 de la Constitución dispone que "Los tratados, pactos y convenciones relativos a derechos humanos, suscritos y ratificados por el Estado Dominicano, tienen jerarquía constitucional y son de aplicación directa e inmediata por los tribunales y demás órganos del Estado".

7   Al igual que en algunos otros países de Iberoamericana, es posible sostener que en República Dominicana el sistema universal de los Derechos Humanos constituyen parte del bloque de la constitucionalidad. Duque Corredor, R. J.: "Postulados y principios. El Siste-

República Dominicana, como al hacer mención directa a tales derechos en el propio texto constitucional.

Es así como la Constitución asumiendo como propios los criterios existentes en los convenios internacionales en materia de Derechos Humanos suscritos y ratificados por la República Dominicana, instrumentos -repito- a los que la misma norma suprema reconoce jerarquía constitucional[8], dispone su aplicación y vigor en el ámbito interno luego de publicados en forma oficial[9], y promueve la configuración de un proceso tramitado ante tribunales competentes, independientes y predeterminados por la ley, que permitan el ejercicio de las debidas garantías para la protección efectiva de los derechos e intereses legítimos de las personas.

Son estas disposiciones jurídicas previstas en la Constitución, las que se analizarán en el presente trabajo, para garantizar el

---

ma constitucional de los Derechos Humanos en la Constitución Venezolana", *Derecho Administrativo Iberoamericano. 100 autores en homenaje al postgrado de Derecho Administrativo de la Universidad Católica Andrés Bello*, tomo I, Ediciones Paredes, Caracas, 2007, pp. 155-171; en este mismo orden de ideas, se ha expresado que los instrumentos internacionales en materia de Derechos Humanos, forman parte del "Derecho de la Constitución o bloque de la constitucionalidad". Jinesta Lobo, E.: "La oralidad en el nuevo Proceso Contencioso-Administrativo", *Procedimiento y Justicia Administrativa en América Latina*, Konrad Adenauer Stiftung, México, 2009, p. 339; en sentido similar se sostiene que la "decisión de nuestros constituyentes de 1994 de ubicar los tratados de derechos humanos en la cúspide del sistema constitucional –por vía de su incorporación en el art. 75, inc. 22, de la Carta Magna- al tiempo cerró parcialmente a nivel de regulación positiva una discusión sostenida en el plano jurisprudencial,...". Gutiérrez Colantuono, P. Á.: *Administración Pública, Juridicidad y Derechos Humanos*, Abeledo Perrot, Buenos Aires, 2009, p. 3.

8   Artículo 74.3 de la Constitución.

9   Artículo 69 de la Constitución.

ejercicio de los derechos fundamentales procesales en el orden jurisdiccional administrativo.

En aras de una mayor claridad en la exposición de las ideas, dividiré el presente trabajo de la siguiente manera: Se comenzará por analizar los principios que sirven de fundamento al Estado social y democrático de Derecho (II); luego se estudiará el derecho fundamental a la tutela judicial efectiva (III); posteriormente se expondrán los derechos y garantías procesales reconocidas en la Constitución (IV); y por último, se realizarán algunas consideraciones finales (V).

II. LOS PRINCIPIOS QUE FUNDAMENTAN EL ESTADO SOCIAL Y DEMOCRÁTICO DE DERECHO

El supraprincipio republicano de gobierno democrático[10]-[11], exige que tanto las leyes, los reglamentos, los actos administrativos o las sentencias, respeten sus límites y tengan su mismo contenido axiológico, constituyendo la base o fundamento de la sociedad libre y de todos los actos jurídicos de quienes la integran[12]. Éste encuentra su manifestación más acabada en la expresión Estado social y democrático de Derecho[13], que tiene como pilares fundamentales los principios que se enuncian en la Constitución de 2010, los cuales establecen los cimientos de la plena constitucionalización del Derecho Administrativo.

En este orden de ideas se establece que la Administración Pública debe realizar su función vicarial con sometimiento pleno al ordenamiento jurídico del Estado, debiendo destacarse en esta

---

10   Jorge Prats, E.: *Derecho Constitucional*, Vol. I, 1ª ed., Gaceta Judicial, Santo Domingo, 2003, pp. 611-615.

11   Artículos 4 y 268 de la Constitución.

12   Gordillo, A.: "Fuentes Supranacionales del Derecho *al profesor Miguel S. Marienhoff*, Abeledo-Perrot, Buenos Aires, 1998, p. 260.

13   Artículo 7 de la Constitución.

declaración, los Principios generales del Derecho[14] y en caso de contravención los jueces del orden jurisdiccional administrativo se encuentran obligados a establecer la invalidez jurídica de los actos por ella dictados en contravención al Derecho[15].

Ello así, se mencionarán algunos de los Principios que tienen mayor incidencia en la actividad administrativa de los órganos de los poderes públicos y cuyo respeto deberán garantizar los tribunales del orden jurisdiccional contencioso administrativo.

1. El principio de supremacía de la Constitución[16], se proyecta sobre el bloque de la constitucionalidad[17], conformado éste por la Constitución, los principios constitucionales y los tratados, pactos y convenios internacionales relativos a derechos humanos suscritos y ratificados por la República Dominicana, que se encuentran revestidos de jerarquía constitucional[18], que son de aplicación directa e inmediata por los tribunales y demás órganos del Estado[19].

---

14   Artículo 138 de la Constitución.

15   Artículos 6 y 73 de la Constitución.

16   Artículos 6 y 184 de la Constitución.

17   Señala E. Jorge Prats, al analizar la Constitución Dominicana vigente hasta enero de 2010, que el bloque de la constitucionalidad lo conformaban el texto de la Constitución y los convenios internacionales de Derechos Humanos suscritos y ratificados por el Estado. *Derecho Constitucional*, Vol. I, 1ª ed., Gaceta Judicial, Santo Domingo, 2003, pp. 157-158.

18   Con plena convicción sostiene R. J. Duque Corredor, que el sistema de derechos humanos es parte fundamental del bloque de la constitucionalidad. "Postulados y Principios. El sistema constitucional de los derechos humanos en la Constitución venezolana". *Derecho Administrativo Iberoamericano. 100 Autores en Homenaje al postgrado de Derecho Administrativo de la Universidad Católica Andrés Bello,* Tomo I, Ediciones Paredes, Caracas, 2007, pp. 155-156.

19   Artículo 74.3 de la Constitución.

Todas estas disposiciones que integran el bloque de la constitucionalidad tienen rango, valor y fuerza constitucional, constituyéndose en normas supremas que constituyen el fundamento del resto del ordenamiento jurídico[20].

Ahora bien, el bloque de la constitucionalidad puede ser modificado a través de los mecanismos de revisión constitucional, conocidos como la reforma[21] o la Asamblea Nacional Revisora[22], debiendo considerarse cualquier otro mecanismo destinado a modificarlo o derogarlo nulo y sin valor jurídico alguno, en cuyo caso el bloque de la constitucionalidad no perderá su vigencia[23].

Este principio de supremacía del bloque de la constitucionalidad se garantiza de varias maneras: La primera es mediante el ejercicio de la denominada acción directa de constitucionalidad, que habilita al Presidente de la República, a una tercera parte de los miembros del Senado o de la Cámara de Diputados y a cualquier persona con interés legítimo y jurídicamente protegido, quienes tienen derecho a formular pretensiones de inconstitucionalidad contra los actos jurídicos -leyes, decretos, reglamentos, resoluciones y ordenanzas-, que vulneren o desconozcan el bloque de la constitucionalidad. En este caso, el control de la conformidad a la constitucionalidad lo ejerce Tribunal Constitucional, que actúa como máximo y último intérprete de la Constitución, garantizando su supremacía y efectividad, velando por la aplicación e interpretación uniforme del contenido y alcance de las normas y principios constitucionales, fijando criterios que

---

20   Artículo 7 de la Constitución.
21   Artículos 267 al 269 de la Constitución.
22   Artículos 270 al 272 de la Constitución.
23   Artículos 6 y 267 de la Constitución.

serán vinculantes para todos los órganos jurisdiccionales y por supuesto, para el resto de los poderes públicos[24].

La segunda es mediante la potestad otorgada a todos los jueces, para asegurar la integridad de la constitucionalidad en todos aquellos asuntos de su competencia, que les corresponda sentenciar. En atención a ello, los jueces actuando de oficio o a instancia de parte interesada, en caso de presentarse incompatibilidad o colisión entre una ley u otra norma jurídica que deba aplicarse para resolver un asunto determinado, con alguna disposición que integre el bloque de la constitucionalidad, deberá resolver la excepción de inconstitucionalidad, dándole aplicación preferente a este Bloque, salvaguardando así la supremacía de la constitucionalidad[25].

Estando considerada la Constitución como la norma suprema y el fundamento de todo el ordenamiento jurídico, todas las personas y los órganos que ejercen el Poder Público están sujetos a ella, lo que reitera la propia Constitución en el capítulo de los deberes, al señalar que todas las personas tienen el deber de cumplirla y acatarla[26]. Este deber es ratificado respecto a los funcionarios de la Administración Pública, quienes en su condición de personas ya estaban llamados a cumplirla, pero además deben hacerlo como funcionarios públicos a cuyo sometimiento se encuentra sujeta toda su actuación[27].

2. El principio de legalidad, entendido en la afortunada frase de HAURIOU, como bloque de la legalidad[28]-[29], que lo integran

---

24 Artículo 184 de la Constitución.

25 Artículo 188 de la Constitución.

26 Artículo 75.1 de la Constitución.

27 Artículos 6 y 138 de la Constitución.

28 Hauriou, M.: *Précis de droit administratif et de droit public*, 11 ème. ed., Sirey, Paris, 1927.

las normas contenidas en los tratados, pactos o convenciones internacionales válidamente suscritas y ratificadas por la República tienen rango de ley[30], las leyes orgánicas y ordinarias[31], pasando a conformar éstos junto a la Constitución, los textos jurídicos que definen las atribuciones de los órganos de los poderes públicos, a los cuales deben sujetarse las actividades que realicen y que establecen la regulación de los derechos y garantías fundamentales[32]. De allí se derivan los principios siguientes:

a) El principio de legalidad administrativa, que habilita a la Administración Pública, conforme al criterio de la vinculación positiva, para organizarse y actuar con sometimiento pleno a la ley y al Derecho[33].

b) El principio de legalidad presupuestaria, que somete la realización del gasto público a su previsión y aprobación en la ley de presupuesto[34].

c) El principio de legalidad tributaria, según el cual no podrán crearse ni cobrarse impuestos, tasas, ni contribuciones que no estén establecidos en la ley, así como tampoco podrán concederse exenciones, rebajas o beneficios fiscales, sino en los casos previstos en la ley[35].

d) El principio de legalidad sancionatoria, dispone que sea a través de una ley preexistente que se establezcan o modifiquen

---

29   J. Araujo-Juárez, considera que los Principios generales del Derecho integran parte del bloque de la legalidad. *Derecho Administrativo. Parte General,* Paredes Editores, Caracas, 2007, p. 231.

30   Artículos 26.1, 26.2 y 93.1.L) de la Constitución.

31   Artículos 112 y 113 de la Constitución.

32   Artículos 74.2 y 112 de la Constitución.

33   Artículo 138 de la Constitución.

34   Artículos 233 y 234 de la Constitución.

35   Artículos 243 y 244 de la Constitución.

los delitos, las faltas y las penas, así como infracciones administrativas y las sanciones[36].

3. El principio de progresividad de los derechos humanos, parte de la premisa que los instrumentos internacionales y nacionales que reconocen los derechos humanos, apenas enuncian los mínimos que deben ser garantizados por los poderes públicos, para que éstos puedan ser considerados, ejercidos y disfrutados por sus titulares, pero al tratarse de tales mínimos, la esfera de ejercicio y protección puede ser mejorada, si se prefiere ampliada, en atención a garantizar un tratamiento, disfrute y resguardo más extenso para las personas humanas, quienes resultan beneficiadas así, por la onda expansiva que proyecta el principio de progresividad[37].

La progresividad de los derechos humanos se materializa en sentido negativo, a través de la prohibición establecida a los poderes públicos de desconocer o desmejorar los estándares mínimos reconocidos en los instrumentos internacionales que reconocen los derechos humanos; y se materializa en sentido positivo, a través de la ampliación del reconocimiento de los actualmente admitidos como tales, el mejoramiento en el desarrollo de su contenido y el fortalecimiento de los mecanismos institucionales de protección que garanticen su efectivo ejercicio y disfrute.

4. El principio del respeto a las situaciones jurídicas subjetivas[38], exige que los órganos de los poderes públicos actúen respetando y garantizando a todas las personas, el goce y ejercicio irrenunciable, indivisible e interdependiente de los derechos inherentes a la persona humana, reconocidos en la Constitución, en los tratados o convenciones internacionales en materia de de-

---

36   Artículo 40.3 de la Constitución.
37   Artículo 74.4 de la Constitución.
38   Artículos 7, 38 y 68 de la Constitución.

rechos humanos o incluso aquellos que no figuren expresamente en dichos instrumentos[39], así como de aquellos derechos e intereses reconocidos en la ley, en los actos administrativos, en los contratos celebrados entre los poderes públicos y los particulares. En caso de desconocimiento de estas situaciones se reconocen varios mecanismos eficaces para el restablecimiento de las situaciones jurídicas subjetivas lesionadas por la actividad de los poderes públicos, debiendo destacarse los procesos de habeas data[40], habeas corpus[41], amparo constitucional[42] y el proceso administrativo[43].

5. El principio de la separación de las ramas del poder público, que según la tradición liberal era rígido, existiendo un poder que creaba la ley, la cual constituía una expresión de la voluntad de pueblo; un poder que ejecutaba y cumplía la ley y un poder que velaba por el cumplimiento efectivo de la ley y administraba la justicia, ahora ha sido flexibilizado y si bien se admite que cada uno de los poderes públicos tienen funciones propias, ello no constituye óbice para que colaboren entre sí, a los fines de contribuir a la realización de los cometidos del Estado[44].

La distribución del poder público se expresa mediante el establecimiento de una rama denominada Poder Legislativo, otra Poder Ejecutivo y otra Poder Judicial, que son independientes en el ejercicio de sus funciones, que le atribuyen tanto el bloque de constitucionalidad como el bloque de legalidad.

6. El principio democrático se manifiesta en lo político, a través de la garantía de las libertades democráticas, el pluralismo

---

39   Artículo 74.1 de la Constitución.

40   Artículo 70 de la Constitución

41   Artículo 71 de la Constitución

42   Artículo 72 de la Constitución.

43   Artículo 164 de la Constitución.

44   Artículos 4 y 7 de la Constitución.

y la alternabilidad, para que se pueda ejercer el derecho al sufragio activo y pasivo, mediante la realización de elecciones periódicas de las autoridades, que sean públicas y transparentes, a través del sufragio universal, libre, directo y secreto como expresión de la soberanía popular (principio de la democracia representativa)[45], con estímulo, fomento y desarrollo de todos los mecanismos que posibiliten la participación en los asuntos públicos (principio de la democracia participativa)[46].

Hay que tener presente que además de la democracia política, se propugna por la democracia social con la finalidad de lograr el efectivo acceso universal a bienes y servicios de calidad, que permitan la satisfacción de las necesidades esenciales, garantizando un progreso en el nivel de vida, una mejora de la convivencia y una auténtica cohesión social en la población[47], permitiendo alcanzar la igualdad y solidaridad con responsabilidad y libertad, lo que asegura una auténtica paz social; y la democracia económica, donde conviven las libertades económicas con las distintas modalidades de intervención del Estado (regulaciones, restricciones, limitaciones), que sean estrictamente necesarias, adecuadas y proporcionales para garantizar las efectivas condiciones para el ejercicio de estas libertades y la satisfacción del interés general[48]-[49].

---

45 Artículos 4 y 7 de la Constitución.

46 Artículos 203, 206, 208, 210 y 272 de la Constitución.

47 Artículo 174 de la Constitución.

48 Artículos 50, 51, 52, 53, 147.3, 217 al 222 de la Constitución.

49 Hernández-Mendible, V. R.: "La regulación para la consecución de objetivos de interés general en el Estado de Garantía de Prestaciones", *Derecho Administrativo y Regulación Económica. Liber Amicorum Gaspar Ariño Ortíz,* (Coords. J. M. de la Cuétara Martínez, J. L. Martínez López-Muñiz, F. J. Villar Rojas), La Ley, Madrid, 2011, pp. 1159-1177.

7. El principio de la responsabilidad de los órganos del Poder Público. El artículo 38 de la Constitución dispone que "El Estado se fundamenta en el respeto a la dignidad de la persona y se orgánica para la protección real y efectiva de los derechos fundamentales que le son inherentes. La dignidad del ser humano es sagrada, innata e inviolable; su respeto y protección constituyen una responsabilidad esencial de los poderes públicos".

El Estado de Derecho tiene uno de sus fundamentos en el principio de responsabilidad de todos los órganos que integran los poderes públicos[50] y tal responsabilidad se manifiesta a nivel internacional, en general, por incumplimiento de obligaciones internacionales[51] y en concreto, por la violación de derechos fundamentales de las personas físicas, cuando éstos no han podido ser reparados a través del orden interno de cada país.

En el ámbito nacional el Estado es responsable por los daños y perjuicios tanto a las personas naturales como a las personas morales o jurídicas, que por actuación u omisión administrativa antijurídica les sean imputables a las personas jurídicas de derecho público o a sus funcionarios[52].

En todo caso, se debe tener presente que el reconocimiento de la responsabilidad será conjunta y solidaria entre las personas

---

50   Sostiene A. Gordillo que justamente lo que caracteriza a un Principio es que tiene un contenido tan fuerte y tan profundo, que su aplicación debe ser extensiva y desbordar el simple marco de interpretación literal, determinando así de forma integral, cuál debe ser la orientación de la institución por el que se ejecuta. "Fuentes Supranacionales de Derecho Administrativo", *Derecho Administrativo. Obra colectiva en Homenaje al profesor Miguel S. Marienhoff,* Abeledo-Perrot, Buenos Aires, 1998, p. 260.

51   Corte Interamericana de Derechos Humanos, sentencia de 5 de febrero de 2001, caso Olmedo (Última Tentación de Cristo) *vs* Chile.

52   Artículo 148 de la Constitución.

públicas y sus funcionarios, en los términos que determine la ley.

8. El principio de control jurisdiccional pleno o de universalidad de control de los actos de los poderes públicos, implica que no existen vacíos o lagunas en el control jurisdiccional de la actividad e inactividad, formal o material, de los poderes públicos. Es así como conforme al derecho público subjetivo de acceder a los órganos jurisdiccionales y de solicitar tutela judicial efectiva de los derechos e intereses, todas las personas pueden acudir a las instancias jurisdiccionales competentes, para que una vez tramitado el debido proceso se produzca la sentencia fundada en Derecho, que resuelva la controversia planteada[53].

La existencia de la jurisdicción contencioso administrativa justamente encuentra una de sus razones de ser, en la imposibilidad de aceptar la existencia de un poder del Estado que en ejercicio de la función administrativa, realice una actuación o le sea imputable una omisión, que sea inmune al control jurisdiccional, pues la garantía de la universalidad del control constituye uno de los cimientos sobre los cuales descansa el Estado de Derecho[54].

En el mundo actual, la amplitud y plenitud del control jurisdiccional viene impuesta tanto por el mandato de derecho a la tutela judicial efectiva[55] que no deja resquicio alguno de actuación u omisión que escape a ella, como por el reconocimiento

---

53   Artículos 69, 139, 164 y 184 de la Constitución.

54   García De Enterría, E.: "La lucha contra las inmunidades del poder en el Derecho Administrativo", *Revista de Administración Pública N° 38*, Centro de Estudios Políticos, Madrid, 1962, pp. 159-205; Brewer-Carías, A.: *Estado de Derecho y control judicial*, Instituto Nacional de Administración Pública, Madrid, 1987; González Pérez, J.: *Comentarios a la Ley de la Jurisdicción Contencioso Administrativa*, 4ª ed., Civitas, Madrid, 2003, p. 20.

55   Artículo 69 de la Constitución.

constitucional del orden jurisdiccional administrativo[56], como aquél llamado a determinar si los órganos del Poder Público en ejercicio de la función administrativa han actuando con estricto sometimiento a la Constitución, la ley y el Derecho[57].

Si bien el legislador puede condicionar la formulación de las demandas al cumplimiento de unos requisitos determinados, ello debe hacerse conforme a la debida racionalidad en la interpretación constitucional, para encauzar que el proceso se desarrolle de manera válida, pero en ningún caso pueden utilizarse tales formalidades para impedir la procedencia del control jurisdiccional.

De allí que ninguna ley puede establecer la inmunidad jurisdiccional de determinadas conductas, actuaciones u omisiones, al menos sin incurrir en infracción del orden jurídico constitucional[58]-[59] y sin que ello suponga una violación del principio de interdicción de la arbitrariedad de los órganos del Poder Público, por tanto, cualquier intento de exclusión de control jurisdiccional de los órganos del Poder Público es inaceptable, por constituir un atentado a la garantía de la universalidad del control, que sirve de soporte al Estado de Derecho.

Dado que la jurisdicción contencioso administrativa es la llamada a garantizar el ejercicio de la tutela judicial efectiva y el debido proceso frente a los órganos del Estado que realizan la función administrativa, seguidamente se analizará el contenido de cada uno de estos derechos fundamentales, a los fines de es-

---

56   Artículo 163 de la Constitución.

57   Artículos 138 y 139 de la Constitución.

58   Artículos 6 y 73 de la Constitución.

59   Araujo Juárez, J.: *Principios Generales del Derecho procesal administrativo,* 2ª ed., Vadell Hermanos, Caracas, 1997, pp. 121-122 y 391-392.

bozar como podría ser desarrollados en la Ley de la Jurisdicción Contencioso Administrativa.

III. EL DERECHO FUNDAMENTAL A LA TUTELA JUDICIAL EFECTIVA

El derecho a la tutela judicial efectiva, es un derecho inherente a la persona humana, por lo que sostiene GONZÁLEZ PÉREZ, "le viene impuesto a todo Estado por principios superiores que el derecho positivo no puede desconocer, y existe con independencia de que figure en las declaraciones de derechos humanos y pactos internacionales, constitucionales y leyes de cada Estado"[60].

No obstante, a partir de la entrega en vigencia de la Constitución de 2010, no existe ningún género de dudas sobre el expreso reconocimiento constitucional del derecho a la tutela judicial efectiva en la República Dominicana. Es así como el artículo 69 dispone que *"Toda persona, en el ejercicio de sus derechos e intereses legítimos, tiene derecho a obtener la tutela judicial efectiva,* con respeto del debido proceso que estará conformado por las garantías mínimas que establecen a continuación:".

Esta disposición permite considerar que el derecho a la tutela jurisdiccional efectiva consiste en aquél que tienen todas las personas a acceder a los órganos jurisdiccionales, para solicitar la protección de sus derechos e intereses contra quienes los lesionen, debiendo en consecuencia alegar y probar todo aquello que consideren pertinente, sin que en ningún caso -estado y grado del proceso- se les pueda menoscabar el derecho a la defensa. Igualmente, supone el derecho a obtener una tutela judicial cautelar adecuada y eficaz que garantice la eventual ejecución del fallo o evite que se continúe produciendo el daño irrogado por la otra parte, así como a obtener un fallo fundado en Derecho, que

---

60 González Pérez, J.: *El derecho a la tutela jurisdiccional,* 3ª ed., Civitas, Madrid, 2004, p. 26.

de resultar favorable a sus pretensiones, permita alcanzar la ejecución de la sentencia, incluso de manera forzosa, en contra de la voluntad del perdidoso.

El derecho a la tutela jurisdiccional efectiva, incluye dentro de su contenido o núcleo esencial los elementos que se analizarán seguidamente:

1. *El derecho de acceso a la justicia*

Toda persona tiene derecho de acceso a los órganos jurisdiccionales, para lo cual se requiere por una parte, la existencia de unos tribunales donde se pueda acudir para solicitar la administración de justicia[61] y por la otra, que la configuración jurídica del proceso, no contenga obstáculos insalvables para la producción de la sentencia de fondo, es decir, de una sentencia sobre el mérito de la controversia[62].

Debe tenerse presente que ninguna norma legal puede prohibir o impedir el derecho de las personas de acceso a los órganos jurisdiccionales, sin embargo, ello no constituye óbice para que se establezcan requisitos procesales que regulen la tramitación del proceso de una manera adecuada, para permitir que se llegue a la sentencia que resuelva finalmente la controversia.

No toda formalidad que legalmente se exija para la continuación de la tramitación del proceso es constitucionalmente legítima, únicamente lo será en la medida que ella no constituya un obstáculo irracional, un requisito tan riguroso que resulte contrario a la posibilidad de lograr la tutela judicial efectiva.

---

61   González Pérez, J.: "Constitución y Justicia Administrativa", *Revista Iberoamericana de Derecho Público y Administrativo N° 2*, San José de Costa Rica, 2002, pp. 11-13.

62   González Pérez, J.: *Comentarios a la Ley de la Jurisdicción Contencioso Administrativa*, 4ª ed., Civitas, Madrid, 2003, p. 20.

Por ello, la interpretación del derecho de acceso a la justicia que se puede concretar en expresiones como el principio *pro actione* o principio a favor de la pretensión, impone que no se establezcan obstáculos, condiciones o requisitos que no sean esenciales para garantizar el acceso a los órganos jurisdiccionales, en virtud de lo cual, las formalidades únicamente deben ser las estrictamente necesarias para garantizar el fin último del proceso, que no puede ser otro que la materialización de la justicia.

Ello así, el derecho de acceso a la justicia demanda que no se imponga el cumplimiento de condiciones, limitaciones o restricciones que no sean proporcionales, racionales y necesarias para garantizar la sustanciación del proceso que conduzca al órgano jurisdiccional a producir una sentencia fundada en Derecho.

Las formalidades expresa y legalmente establecidas, son las únicas admisibles siempre que se interpreten y apliquen conforme a la posibilidad de lograr un real acceso a la jurisdicción para garantizar una justicia material, real y primordialmente efectiva, conforme a las exigencias del orden constitucional.

2. *El derecho a formular alegatos*

Toda persona que aspire a la tutela de sus derechos e intereses tiene la carga de formular la alegación de sus pretensiones, es decir, tiene que argumentar las razones de hecho y de derecho que sirven de sustento a sus planteamientos, los cuales deberán ser lícitos, conformes al orden público y a las buenas costumbres.

No pueden formularse pretensiones procesales contrarias al ordenamiento jurídico, porque de así ocurrir, el órgano jurisdiccional se vería en la imposibilidad de pronunciarse favorablemente sobre el mérito de la controversia.

La pretensión procesal no solo debe ser acorde al ordenamiento jurídico, sino que además debe plantearse de manera pertinente en el tiempo, valga decir, debe ser oportuna para que no sea rechazada por haber prescrito el derecho o interés o por haber caducado la posibilidad de formular la pretensión.

El derecho de formular alegatos debe interpretarse en el sentido más amplio posible y puede ser valorado a partir de una doble perspectiva:

a) Desde el punto de vista cuantitativo, el derecho a presentar alegatos dentro de los plazos preclusivos establecidos en la ley, no puede implicar que dentro de éstos se preestablezcan límites máximos de tiempo, porque la complejidad de cada caso, amerita una racional valoración del órgano jurisdiccional, que siempre teniendo por norte el principio *pro libertate* debe ser lo más flexible posible para permitir que las partes efectúen sus exposiciones dentro del proceso y tampoco deben establecerse límites de cantidad de páginas a las que debe circunscribirse la exposición de los alegatos en un escrito determinado.

b) Desde el punto de vista cualitativo, el derecho a formular alegatos debe interpretarse, ejercerse y reconocerse de manera interdependiente tanto con el principio general de libertad[63], como con el derecho a expresarse libremente de viva voz o por escrito[64], el cual encuentra como límites también la prohibición de promoción de la guerra, de la discriminación, de la intolerancia religiosa o política, así como de la exhortación al desconocimiento de las instituciones democráticas, pero además demanda el respeto a los derechos fundamentales de los demás, valga decir, el respeto a la dignidad humana[65], a la protección del honor, la vida privada, la intimidad y la propia imagen[66].

---

63   El artículo 43 de la Constitución, que contiene el principio general de libertad.

64   Artículo 49 de la Constitución.

65   Artículo 38 de la Constitución.

66   Articulo 44 de la Constitución.

Por último debe señalarse, que por razones eminentemente éticas, las partes y sus representantes judiciales, deben dirigirse al tribunal y entre sí, formulando sus exposiciones verbales o comunicaciones escritas con apego a la verdad, actuando de buena fe, con decoro, respeto y educación.

3. El derecho a presentar medios probatorios

Toda persona que pretenda la tutela de sus derechos e intereses tiene la carga de promover los medios de pruebas que avalen sus alegatos y planteamientos. La obtención y producción de los medios de pruebas debe ser conforme a la Constitución y a las leyes, pues una prueba obtenida en un registro domiciliario sin una orden judicial previa[67], la captación de unos hechos a través de la interceptación de las comunicaciones telefónicas sin que se haya dictado una orden judicial al respecto[68], una confesión obtenida mediante tortura[69] o la adquisición de una declaración escrita mediante la violación de la correspondencia privada[70], son algunos ejemplos de pruebas obtenidas en violación de derechos constitucionales.

Es por ello que la carga de la producción de los medios probatorios debe realizarse conforme a los principios de licitud, honestidad, transparencia y lealtad procesal, porque únicamente las pruebas obtenidas y producidas conforme a estos principios podrán incorporarse al proceso para que éste logre alcanzar su fin.

Nunca deberá admitirse como probado un hecho controvertido por más cierto que sea, mediante una prueba obtenida en contravención del ordenamiento jurídico, pues ninguna sentencia puede estar real y eficazmente fundada en Derecho, cuando para

---

67   Artículo 44.1 de la Constitución.

68   Artículo 44.3 de la Constitución.

69   Artículos 42.1 y 69.6 de la Constitución.

70   Artículo 44.3 de la Constitución.

su producción se ha tenido que acudir a la demostración de los hechos en violación del mismo Derecho que se pretende proteger.

4. *El derecho a solicitar medidas cautelares*

El derecho a solicitar medidas cautelares constituye un derecho subjetivo que debe garantizarse siempre y cuando se cumplan los presupuestos procesales para su concesión, en cuyo caso el órgano jurisdiccional no tiene discrecionalidad para otorgar o no las medidas cautelares, sino que se encuentra ante una auténtica obligación de concederlas, a los fines de garantizar la tutela judicial efectiva.

La tutela judicial no es efectiva, si el órgano jurisdiccional no cuenta con las adecuadas potestades que garanticen la protección cautelar, mientras se produce la sentencia que reconozca la existencia del derecho o interés cuya tutela se reclama.

Quien asiste al proceso lo hace con una doble finalidad: por una parte, que se reconozca su derecho y por la otra, de hacer efectiva la norma jurídica que resulta aplicable a dicho reconocimiento, que garantiza la existencia y el ejercicio del derecho.

La justificación de las medidas cautelares, nace de la imposibilidad de que concuerden en un mismo momento la existencia del derecho (atribuido por la norma jurídica), con el reconocimiento del mismo (que realiza el órgano jurisdiccional).

Es así como las medidas cautelares persiguen garantizar que cuando se produzca la comprobación jurisdiccional de la existencia del derecho, tal reconocimiento que tiene los caracteres de definitividad y certeza del derecho preexistente, no se haga ilusorio, sino que por el contrario pueda hacerse efectivo.

Por ello, la tutela judicial cautelar busca lograr, que el tiempo que debe transcurrir entre la existencia del derecho y el reconocimiento de éste, no afecte la efectividad de tal reconocimiento, al extremo de hacer ilusorio el derecho y en consecuencia inútil, la función jurisdiccional de dictar sentencia para administrar justicia[71].

5. *El derecho a una sentencia fundada en Derecho*

El derecho de toda persona a obtener una sentencia fundada en Derecho, lleva a precisar qué implicaciones se derivan de ello.

En primer lugar hay que señalar que una decisión jurisdiccional fundada en Derecho, debe ser tanto aquélla que se pronuncia sobre una cuestión de admisibilidad o previa, como una sentencia que se pronuncia sobre el mérito de la controversia.

Además, debe señalarse que una sentencia fundada en Derecho es aquélla que cumple con todos los extremos legales esenciales para que la misma se repute como formalmente válida; pero también debe pronunciarse sobre el asunto controvertido, valorando adecuadamente las pruebas, resolviendo todas las pretensiones formuladas por las partes y aplicando para ello correctamente la norma jurídica, es decir, que lo fundamental es que

---

71 La doctrina científica ha sido copiosa al analizar el desarrollo de la institución de las medidas cautelares en el proceso administrativo como atributo fundamental del derecho a la tutela judicial efectiva, baste recordar entre otros a Brewer-Carías, A. R.: "Los efectos no suspensivos del recurso contencioso administrativo de anulación y sus excepciones", *Revista de la Facultad de Derecho de la Universidad Central de Venezuela* N° 57-58, Caracas, 1968, que dio oportuna cuenta de la primera de ellas, luego haría lo propio respecto a la evolución, Ortíz, L.: *Jurisprudencia de medidas cautelares. 1980-1994*, Editorial Jurídica Venezolana, Caracas, 1995. Posteriormente, con aportes de la bibliografía europea como iberoamericana se recomienda, Hernández-Mendible, V. R.: *La tutela judicial cautelar en el contencioso administrativo*, Vadell Hermanos, 2ª ed., Caracas, 1998; y más recientemente, "Cuarenta Años de historia de las medidas cautelares en el proceso administrativo venezolano", *Revista de Derecho Público* n° 30, Fundación de Cultura Universitaria, Montevideo, 2007, pp. 153-184.

consista en una sentencia que analice todo lo alegado y probado en el proceso.

En segundo lugar debe tenerse presente, que el derecho a obtener una sentencia fundada en Derecho, no supone que el órgano jurisdiccional resuelva a favor de la pretensión del actor, es decir, que sea favorable a quien promueve el proceso, sino que la decisión se profiera debidamente motivada y sea congruente.

6. *El derecho a la ejecución del fallo*

Toda persona que resulte vencedora en un proceso y en consecuencia beneficiada por el fallo judicial tiene derecho a la ejecución de la sentencia. En la ejecución de la sentencia intervienen tantos las partes como el órgano jurisdiccional. Esto lleva a analizar los distintos aspectos involucrados en la ejecución de la sentencia[72].

El fundamento del derecho a lograr la ejecución de la sentencia se encuentra establecido en la Constitución, en atención a los siguientes postulados:

---

72   García De Enterría, E.: *Hacia una nueva justicia administrativa*, 2ª ed. Ampliada, Civitas, Madrid, 1992; Beltrán De Felipe, M.: *El poder de sustitución en la ejecución de las sentencias condenatorias de la Administración*, Civitas, Madrid, 1995; FERNÁNDEZ, T. R.: "Una revolución de terciopelo que pone fin a un anacronismo (La Ley de 8 de febrero de 1995 y las nuevas reformas del contencioso-francés)", *Revista Española de Derecho Administrativo* N° 91, Civitas, Madrid, 1996, pp. 385-402; Hernández-Mendible, V. R.: "¿Nueva revolución en Francia: La posibilidad de dictar órdenes de ejecución contra la Administración?", *Procedimiento Administrativo, Proceso Administrativo y Justicia Constitucional*, Vadell Hermanos, Caracas, 1997, pp. 203-223; Hernández, J. I.: "El poder de sustitución del juez contencioso administrativo: contenido y ejecución de sentencia", *El Contencioso Administrativo Hoy*, FUNEDA, Caracas, 2004, pp. 305-320; y, Ejecución de la sentencia en el orden contencioso administrativo, *El Contencioso Administrativo*, FUNEDA, Caracas, 2006, pp. 303-331.

a) El derecho público subjetivo a la tutela judicial efectiva que no se alcanzará, si no se cumple realmente lo decidido por el órgano jurisdiccional[73].

b) El reconocimiento a los órganos jurisdiccionales no solamente de la potestad de juzgar, sino de hacer ejecutar lo sentenciado[74].

c) La obligación de todas las personas de cumplir los actos que en ejercicio de sus competencias, dicten los órganos del Poder Público[75].

De estos postulados constitucionales derivan derechos y obligaciones que se mencionarán seguidamente.

Quien haya resultado vencedor de manera total o parcial en el proceso, tiene legitimación para ejercer los siguientes derechos:

a) El derecho a obtener una ejecución de sentencia en sus propios términos y oportunamente.

b) El derecho a solicitar la adopción de las medidas encaminadas a la ejecución forzosa.

c) El derecho a pretender del órgano jurisdiccional la supresión de los obstáculos para la ejecución de las sentencias.

d) El derecho a solicitar la imposición de multas coercitivas, respecto a las personas que no cumplan su obligación de ejecutar las sentencias.

Quien haya resultado vencido de manera total o parcial en el proceso, tiene las siguientes obligaciones:

a) La obligación de ejecutar la sentencia voluntaria e íntegramente.

---

73   Artículo 69 de la Constitución.
74   Artículo 149, párrafo I de la Constitución.
75   Artículo 75.1 de la Constitución.

b) La obligación de adoptar todas las medidas adecuadas y necesarias para materializar la ejecución de la sentencia.

c) La obligación de no efectuar actuaciones destinadas a frustrar la ejecución de la sentencia.

d) La obligación de colaborar con los órganos del Poder Público en el cumplimiento de las decisiones judiciales.

No obstante, siendo el derecho a la tutela judicial efectiva un derecho que se alcanza a través del reconocimiento e interaplicación de otro derecho fundamental, seguidamente se analizará el otro derecho procesal reconocido por la Constitución.

IV. EL DERECHO FUNDAMENTAL AL DEBIDO PROCESO

La Constitución ha reconocido un conjunto de derechos fundamentales y garantiza su efectividad a través de los mecanismos de tutela y protección[76], que conducen a interpretarlos y aplicarlos en el sentido más favorable a sus titulares, por parte de los poderes públicos[77], es decir, conforme al principio de progresividad. Entre ellos cabe destacar los diversos derechos procesales que se encuentran expresamente mencionados en el artículo 69 de la Constitución y que deben ser interpretados y correlacionados con el derecho a la tutela judicial efectiva.

1. *El derecho a la justicia accesible, oportuna y gratuita*

El primer atributo del derecho fundamental al debido proceso, es enunciado en el artículo 69.1 de la Constitución, caracterizándose por tres elementos: accesibilidad, oportunidad y gratuidad.

a) *El acceso a la justicia*

Toda persona tiene derecho de acceso a los órganos jurisdiccionales, para lo cual se requiere por una parte, la existencia de

---

76   Artículo 69 de la Constitución.
77   Artículo 74.4 de la Constitución.

unos tribunales donde se pueda acudir para solicitar justicia[78] y por la otra, que la configuración jurídica del proceso, no contenga obstáculos insalvables para la producción de la sentencia de fondo, es decir, de una sentencia sobre el mérito de la controversia[79].

Debe tenerse presente que ninguna norma legal puede prohibir o impedir el derecho de las personas de acceso a los órganos jurisdiccionales, sin embargo ello no constituye óbice para que se establezcan requisitos procesales que regulen la tramitación de la demanda en el proceso de una manera adecuada, para permitir que se llegue a la sentencia fundada en Derecho que resuelva finalmente la controversia.

No toda formalidad que legalmente se exija para la admisión y continuación de la tramitación del proceso es constitucionalmente legítima, únicamente lo será en la medida que ella no constituya un obstáculo irracional, un requisito tan riguroso que resulte contrario a la posibilidad de lograr la tutela judicial efectiva.

Por ello, la interpretación del derecho de acceso a la justicia que se puede concretar en expresiones como el principio *pro actione* o principio a favor de la pretensión, impone que no se establezcan obstáculos, condiciones o requisitos que no sean esenciales para garantizar el acceso a los órganos jurisdiccionales, en virtud de lo cual, las formalidades únicamente deben ser las estrictamente necesarias para garantizar el fin último del proceso, que no puede ser otro que la materialización de la justicia.

---

78   González Pérez, J.: "Constitución y Justicia Administrativa", *Revista Iberoamericana de Derecho Público y Administrativo N° 2*, San José de Costa Rica, 2002, pp. 11-13.

79   González Pérez, J.: *Comentarios a la Ley de la Jurisdicción Contencioso Administrativa*, 4ª ed. Madrid, Civitas-Thomson, 2003, p. 20.

Ello así, las formalidades expresas y legalmente establecidas, son las únicas admisibles siempre que se interpreten y apliquen conforme a la posibilidad de lograr un auténtico acceso a la jurisdicción para garantizar una justicia material, real y primordialmente efectiva, según las exigencias del orden constitucional.

Como se puede observar, aquí existe una concurrencia plena con respeto a lo anteriormente analizado, respecto al acceso al derecho a la tutela judicial efectiva.

b) *El acceso oportuno*

El acceso oportuno a la justicia, en el marco del proceso administrativo se encuentra relacionado con una condicionante muy particular, como lo constituye la obligación jurídica que algunas legislaciones le imponen a los particulares de agotar previamente la vía administrativa o gubernativa antes de intentar las demandas ante los tribunales del orden jurisdiccional administrativo, es decir, que aquella se convierte en una condición insoslayable para tener un efectivo y oportuno acceso a la justicia.

Esto ha generado un debate en la doctrina científica continental a favor y en contra de mantener la obligatoriedad de los recursos administrativos, como presupuesto necesario para tener acceso a la vía jurisdiccional; no obstante, una propuesta intermedia entre la posición que se inclina por mantenerla y aquella que se pronuncia por eliminarla, consiste en cambiar su naturaleza jurídica, sin tener que proceder a eliminarla definitivamente.

Lo que se plantea es cambiar la regulación de la formulación de los recursos administrativos para los interesados, no como una obligación que siempre debe ser tramitada para tener acceso a los órganos jurisdiccionales; sino como un derecho que les otorgue libertad de elegir entre ejercer los recursos administrativos antes de acudir a los órganos jurisdiccionales o dirigirse directamente ante éstos y formular las demandas, situación que siempre le deberá ser advertida en la respectiva notificación que realice la autoridad administrativa, para que los lapsos puedan transcurrir de manera eficaz.

c) El acceso gratuito

Otro de los principios que ha establecido la Constitución es la gratuidad. Es así como se aprecia que el artículo 149 de la Constitución señala que el Estado debe garantizar una "justicia gratuita", expresión que interpretada aisladamente haría pensar que las personas que acuden ante los órganos jurisdiccionales para que le concedan la justicia del derecho que reclaman, no están obligadas a efectuar pago de ninguna naturaleza por las actuaciones procesales.

Todo proceso tiene un costo, no existe un proceso totalmente gratuito para las partes, porque las actuaciones jurisdiccionales que no generen pago directo de los usuarios del sistema judicial, se van a pagar a través del presupuesto general del Poder Judicial, que viene conformado entre otros ingresos, por los impuestos que pagan las personas, con independencia de que utilicen o no el sistema de justicia y las actuaciones que requieran un pago concreto del beneficiario de la misma, deberán ser sufragadas directamente por el interesado, en la oportunidad que la ley tenga establecido para ello.

En virtud de ello, debe interpretarse que el principio de gratuidad no supone la supresión de todo los pagos, sólo excluye aquellos de naturaleza arancelaria que están relacionados con el servicio de administración de justicia, que deberán efectuar las personas que acudan ante los órganos jurisdiccionales en busca de justicia.

Ello sin perjuicio de la obligación del pago de los honorarios profesionales, que cada parte debe efectuar a sus respectivos abogados, de conformidad con la Ley.

2. *El derecho a ser oído en un plazo razonable*

Toda persona tiene garantizado el goce y ejercicio del complejo derecho a la defensa, que comprende el derecho a formular alegatos en cualquier estado y grado de proceso, a que éstos sean oídos con las debidas garantías, es decir, a la posibilidad de intentar excepciones, objeciones e impugnaciones y presentar medios probatorios establecidos en el ordenamiento jurídico, así como a disponer de un plazo razonable que debe estar determinado legalmente.

Este derecho incluye el efectivo acceso al expediente, la revisión de las actas procesales, a obtener copia de los documentos y medios probatorios que cursen en él y a que la ley otorgue un tiempo prudencial para preparar los argumentos que se pretendan formular durante la tramitación del proceso.

Más allá de la conformación legal del proceso en la actualidad, la interpretación progresiva del derecho por los órganos jurisdiccionales ha apostado por la efectiva protección del derecho a la defensa de aquellas personas que no siendo los actores de las pretensiones que dan inicio al proceso, sin embargo son titulares de derechos o interés relacionados con el asunto que ha generado la controversia y pueden verse afectados por la sentencia que resuelve la misma, en virtud que ésta pueda hacerse ejecutoria contra ellos o pueda hacer nugatorio su derecho, menoscabarlo o desmejorarlo.

En estos casos, a los fines de salvaguardar el ejercicio del derecho a la defensa en todo estado del proceso, se debe disponer que una vez producida la admisión de la demanda, el tribunal proceda a identificar a todas estas personas que puedan tener algún interés en el mismo, bien por haber participado o intervenido en los procedimientos que constan en el expediente administrativo o porque sin haber intervenido en sede administrativa, son destinatarios o beneficiarios de alguna actuación de los órganos del Poder Público relacionada con el proceso que cursa en el tribunal, de donde se deriva el derecho a ser oídos para formular los alegatos que consideren pertinentes.

Una vez identificadas estas personas, el tribunal tiene que proceder a comunicarles la existencia del proceso mediante citación o notificación personal y en caso de no lograrse ésta, entonces deberá proceder a través de edictos, todo ello en aras de garantizar una posibilidad efectiva de ejercicio del derecho a la defensa.

En República Dominicana el idioma oficial es el español[80], que en consecuencia es el que utiliza la población en su vida común y que se usa en los actos oficiales.

Ello plantea que cuando una persona no habla o no entiende el idioma a través del cual se comunican todas las actuaciones de los órganos del Poder Público, a los fines de garantizarle el efectivo ejercicio del derecho a la defensa, en lo que respecta a la posibilidad de que formule y se escuchen sus alegatos, así como que puedan tener conocimiento de los planteamientos de su contraparte, tiene derecho a ser asistido por un intérprete oficial y en caso que no lo pueda contratar, el Estado le deberá suministrar un intérprete público.

Igualmente sucede con las personas que tienen algún tipo de discapacidad auditiva o fonética, a los fines de ejercer su derecho a ser oídos, tienen derecho a contar con la asistencia de una persona que conozca el lenguaje de las señas, que pueda desempeñarse como intérprete sobre los asuntos que se debaten y los planteamientos, alegatos y argumentos que quieran exponer las personas discapacitadas.

En tanto que las personas invidentes, tienen derecho a que se le garantice la lectura de los documentos que se encuentren en el

---

80   Artículo 29 de la Constitución.

proceso, así como a poder comunicarse a través del sistema de escritura Braille.

3. *El derecho a un tribunal competente, independiente e imparcial establecido en la ley*

Toda persona tiene derecho a que los asuntos judiciales que le conciernen sean planteados, conocidos y decididos por un tribunal competente, independiente e imparcial que deberá estar predeterminado en la Constitución o en la ley[81]. Por mandato constitucional, todos los jueces deben ser independientes, imparciales, responsables e inamovibles[82]. El derecho analizado demanda que el órgano jurisdiccional posea las características siguientes:

a) *La competencia*

La competencia como sucede con todos los órganos del Poder Público viene determinada por la Constitución y las leyes[83]. Conforme a ello los órganos jurisdiccionales que resuelven los conflictos entre sujetos de derecho, deben ser aquellos que en razón de la materia, la cuantía o el territorio tengan atribuido mediante ley, el conocimiento de tales asuntos.

La competencia constituye un presupuesto de validez de la sentencia de fondo, pero ello no impide, que los jueces que no tienen la competencia para resolver el conflicto, puedan recibir determinadas diligencias procesales o la realización de determinadas pruebas, recibir válidamente una declaración judicial o incluso conceder algún tipo de medidas cautelares, siempre que ello se haga con fundamento en las normas jurídicas que le reconozcan competencia para este tipo de actuaciones.

---

81   Artículo 69.2 de la Constitución.
82   Artículo 151 de la Constitución.
83   Artículo 149, párrafo II de la Constitución.

b) *La independencia*

La independencia es una exigencia constitucional[84], que puede ser analizada desde una triple perspectiva: Por una parte, se entiende en el sentido de no estar vinculado con otra persona, de no depender intelectual, económica, profesional o moralmente de ella y por tanto, no estar sujeta a sus órdenes o instrucciones y menos aún si esa persona puede tener un interés jurídico en un proceso.

Por la otra, se proclama la independencia, como la ausencia de vínculo con los otros órganos del Poder Público, lo que exige que cada uno de ellos en el ejercicio de sus funciones y con estricto apego a la Constitución y las leyes, resuelvan lo que corresponde, sin más límites que los que imponen el ordenamiento jurídico y la conciencia del juzgador.

Existe un tercer escenario en el cual se debe manifestar la independencia, que es respecto a las organizaciones intermedias, los partidos políticos, las organizaciones no gubernamentales, la sociedad civil organizada, los grupos económicos y los medios de comunicación social.

c) *La imparcialidad*

La imparcialidad debe traducirse en que no se prejuzgue o anticipe una valoración de un asunto sin haber escuchado a todas las partes involucradas y considerado los hechos alegados y efectivamente probados conforme a la norma jurídica que resulte aplicable al asunto a resolver[85]. La imparcialidad exige que se actúe con objetividad y en consecuencia demanda del órgano jurisdiccional una actuación sin prejuicios, sin prevención respecto a alguna de las partes o sin tener un completo conocimiento del asunto.

---

84   Artículos 4 y 151 de la Constitución.

85   Artículos 69.2 y 151 de la Constitución.

La ausencia de imparcialidad o el temor a que ésta se vea afectada puede generar la aplicación de instituciones procesales como el avocamiento (que altera la competencia en grado y puede afectar el derecho a la doble instancia) o la radicación (que afecta la competencia por el territorio). Sin embargo, ambas deben ser aplicadas con la debida prudencia y de manera extraordinaria por parte del órgano jurisdiccional, que tenga atribuida legalmente la competencia para resolver al respecto.

4. El derecho a la presunción de inocencia

Toda persona que se encuentra sujeta a una investigación de naturaleza administrativa o judicial, por hechos supuestamente contrarios al ordenamiento jurídico tiene derecho a que se presuma su inocencia y que no sea condenada o declarada culpable, sin antes habérsele permitido demostrar la inexistencia de los hechos o las infracciones que se le imputan y sin que quien la investiga o acusa haya demostrado fehaciente e inequívocamente que tales hechos efectivamente ocurrieron y que son imputables a dicha persona[86].

La presunción de inocencia constituye una presunción *iuris tantum*, que admite prueba en contrario y quien tiene la carga de probar lo contrario es quien ejerza la potestad de investigación o de acusación. Debe tenerse presente que la persona sometida a investigación o acusación siempre debe considerarse inocente, mientras quien acusa no demuestre plenamente su culpabilidad, esta presunción no puede ser destruida mediante suposiciones, conjeturas, sospechas o indicios, pues de existir la mínima duda posible, deberá privar la presunción de inocencia.

Incluso debe señalarse que habiéndose producido una decisión administrativa o jurisdiccional que haya establecido la supuesta culpabilidad y la consecuente responsabilidad de una persona, mientras esa decisión no adquiera firmeza por estar pen-

---

86   Artículo 69.3 de la Constitución.

diente los plazos para la presentación o resolución de los recursos incoados contra tales decisiones, la presunción de inocencia se mantiene, pues la misma se proyecta a todo lo largo del proceso y únicamente quedará finalmente desvirtuada por la decisión que sea definitivamente firme, es decir, irrevocable.

5. *El derecho a un juicio público, oral y contradictorio*

El legislador tiene el deber constitucional de conformar el proceso con las características de publicidad, oralidad y contradictorio, lo que conduce a analizar cómo debe concebirse el proceso administrativo en la futura Ley de la jurisdicción contencioso administrativa.

a) *El principio de publicidad*

Dado que toda la actuación de los órganos que ejercen el Poder Público se encuentra sometida al principio de la publicidad, siendo los órganos del Poder Judicial integrantes de este Poder, los procesos de los cuales conoce se encuentran sujetos también a este principio.

Es así como la Constitución exige la publicidad del proceso, carácter público que debe constituir la regla, sin perjuicio que en casos excepcionales, por motivo de decencia pública o protección al honor, vida privada, intimidad de las personas, el tribunal resuelva que el asunto se debe tramitar a puertas cerradas, es decir, sin la participación de personas distintas de aquéllas que contienden, conforme a lo que disponga la ley.

En todo caso, la sentencia que se dicte se deberá publicar -entre otras razones para difundir la doctrina del órgano jurisdiccional sobre el caso planteado-, sin que ello constituya óbice para que se indique la supresión de los nombres y apellidos de las partes, así como cualquier otro elemento que pudiese permitir su identificación por personas ajenas al proceso.

Este principio de publicidad se puede interpretar en un doble sentido[87]: Por una parte, la denominada publicidad interna que supone la necesidad de que todos los actos procesales se realicen en presencia de todas las partes involucradas en el proceso y que ellas tengan acceso pleno a los mismos; y por la otra, la publicidad externa que consiste en la posibilidad de aceptar la presencia de terceros ajenos al proceso, que quieran conocer las actuaciones procesales. En relación a esta última, se ha formulado la distinción entre la publicidad externa inmediata, cuando la persona interesada lo hace directamente, acudiendo al tribunal para obtener la información de lo juzgado en el proceso; en tanto que la publicidad externa mediata, se materializa cuando los sujetos interesados, logran obtener la información de lo sucedido en el proceso a través de terceras personas o de los medios de comunicación (prensa, radio, televisión, correo electrónico, Internet, facebook o twitter).

La publicidad además que permite conocer la rectitud de la actuación jurisdiccional, contribuye a evitar que se produzcan sentencias-sorpresas, es decir, aquellas que no tienen nada que ver con lo que fue objeto de debate y de prueba durante el juicio.

Se puede afirmar que la publicidad no sólo garantiza la presencia de cualquier ciudadano que tenga interés en asistir al proceso, sino que además permite que los medios de comunicación tengan acceso a la información que se genera del debate procesal, pudiendo informar tanto a quienes no pudieron asistir al recinto del tribunal, como al público en general y también garantiza la transparencia, lo que permite un efectivo control social sobre la corrección de la conducta de los jueces, que están llama-

---

87   Peyrano, J.: *El proceso civil*, Astrea, Buenos Aires, 1978, pp. 332-333.

dos a resolver los asuntos, bajo el escrutinio vigilante de toda la sociedad[88].

b) *El principio de oralidad*

Este principio informa la regulación que debe llevar a cabo el legislador para garantizar la realización de un proceso, en el cual se encuentren presentes las características de inmediación del juez, concentración de las actuaciones y publicidad de las mismas. Ello se traduce en la existencia de la preeminencia de la expresión o exposición oral, sobre los escritos, pero de ningún modo supone la desaparición definitiva de éstas actuaciones, es por ello que el proceso por audiencias, se traduce en un sistema procesal mixto.

La introducción de la oralidad en el proceso administrativo es una exigencia del artículo 69.4 de la Constitución[89], que en virtud de su carácter normativo supremo, no le otorga libertad de valoración al legislador para resolver si resulta conveniente o no el desarrollo de esta instrucción constitucional, éste únicamente tiene la posibilidad de cumplir con la disposición constitucional dentro de la debida racionalidad jurídica.

Ello plantea la necesidad de determinar si la oralidad se debe medir cuantitativa o cualitativamente. Es así como se ha distinguido entre la presencia de ambas: Desde el punto de vista cuantitativo, para que predomine la oralidad será suficiente que la mayoría de las actuaciones procesales sean verbales; y desde el aspecto cualitativo, se considera que existe el predominio de la oralidad en las actuaciones procesales, cuando ésta se encuentre presente en los trámites fundamentales del proceso, valga decir,

---

88   Ferrajoli, L.: *Derecho y Razón*, Trotta, Madrid, 1995, p. 616.

89   En España, se ha cuestionado la conveniencia de la constitucionalización del principio de la oralidad. *Cfr.* Alzaga, J.: *La Constitución Española de 1978. Comentario sistemático*, 1ª ed., Madrid, 1978, p 727.

en los cuales se expone, debate y decide el objeto de la contro-versia[90].

En atención a ello se ha considerado, que cualitativamente hablando, la oralidad exigible es la referida a la producción de los medios probatorios y los alegatos de las conclusiones, que deben versar sobre los argumentos iniciales, las respectivas pretensiones y la incorporación de los medios probatorios al proceso, garantizando así tanto el contacto directo de los contendientes, como la captación de los hechos objeto de la litis por el juez llamado a resolver la controversia y el conocimiento público que permita valorar el acierto de la sentencia[91].

La oralidad no supone la supresión de las actuaciones escritas, de los papeles, de los expedientes en los tribunales o juzgados, sino que pretende reducir al mínimo aquellos que se redactan fuera del proceso y luego presentan las partes; si bien conlleva a un aumento de las actuaciones directamente ante el órgano jurisdiccional, que debe dejar constancia de aquellos planteamientos esenciales que hagan las partes, también supone una reducción de las citaciones, notificaciones, oficios o comunicaciones, lo que redunda en un sensible adelgazamiento del expediente judicial.

La aplicación del principio de la oralidad no excluye la presentación de escritos en el proceso y menos aun supone su eliminación, lo que implica es la disminución de las actuaciones escritas de las partes, en favor de las actas estrictamente esenciales que elabora el tribunal y de los autos que debe emitir el órgano jurisdiccional.

---

90   Delgado Barrio, J.: "Principio constitucional de predominio de la oralidad y Jurisdicción contencioso-administrativa", *Revista Española de Derecho Administrativo*. N° 38, Civitas, Madrid, 1983, pp. 365-386.

91   Delgado Barrio, *Ob. cit.*, pp. 365-386.

Como conclusión debe señalarse que la interpretación constitucional conduce a considerar, que la implementación del principio de la oralidad debe ser lo suficientemente racional para garantizar un equilibrio entre la escritura y la oralidad, pues no existe un sistema procesal total y absolutamente oral[92].

c) *El principio de contradicción*

El principio de contradicción presupone la existencia de partes que tienen derechos e intereses contrapuestos, lo que genera que acudan al proceso para dirimir el conflicto y con tal finalidad intercambian alegatos, pretensiones, excepciones y defensas, configurándose un proceso intersubjetivo.

Ello es así porque el proceso contencioso es dialéctico y a través de él, las partes persiguen convencer al juzgador que escucha, instruye y decide, sobre la validez y justicia de sus pretensiones.

La contradicción como principio, se interrelaciona con el principio de igualdad de armas, que garantiza que en un proceso contencioso, una parte tenga tanto los mismos medios y el tiempo razonable para preparar sus alegatos y pruebas, así como para rechazar u oponerse a lo expuesto por la parte contraria.

Lo anterior permite considerar que además de un principio, la contradicción también constituye una garantía del derecho subjetivo a la defensa y al debido proceso, que tiene toda persona para controvertir los hechos y los alegatos que se formulen en su contra.

Es de allí que surge el deber-obligación del juez de garantizar la participación de todas las personas, en condición de partes o

---

92   Rengel-Romberg, A.: "El juicio oral en el Nuevo Código de Procedimiento Civil Venezolano de 1987", *Derecho y Sociedad. Revista de Estudiantes de Derecho de la Universidad Monteávila*. N° 1, Caracas, 2000, p. 145.

de terceros interesados en el proceso, mediante la libre exposición de los alegatos, tanto iniciales como durante el desarrollo del debate procesal, permitiendo para ello la formulación de objeciones, oposiciones y réplicas a los argumentos, interrogatorios, preguntas y medios probatorios que sean promovidos y producidos en la tramitación, es decir, a través de la oportuna realización de los actos procesales que permitan negar, rechazar u oponerse a la realización de un determinado acto procesal, así como de controlar que el mismo se realice con sujeción a los requisitos (formas) y tiempo (oportunidad) establecidos en el ordenamiento jurídico.

El contradictorio como instrumento que garantiza el debido proceso y el derecho a la defensa, debe permitirse en todo estado y grado del proceso y se materializa de dos manera posibles: Una es la contradicción concentrada, que es directa e inmediata y se produce en una única audiencia o actuación procesal; y otra es la contradicción dispersa o difusa, que se puede realizar en los distintos estados del proceso, entre el momento de interposición de la pretensión y hasta antes de la expedición de la sentencia.

Lo señalado no es otra cosa que el reconocimiento del principio de dialogicidad que debe respetarse en todo debate judicial y que se expresa tanto a través de la carga de la argumentación que tienen las partes, como de la carga de la prueba y del consiguiente control de la misma, lo que garantiza que una vez verificada la contradicción de los alegatos y de los medios de pruebas, el órgano jurisdiccional llegue a una inferencia no monótona, que en tales circunstancias resulta legítimamente válida.

En este orden de ideas, al analizar el derecho constitucional a la defensa y partiendo de un enfoque filosófico a partir de la propuesta de la Teoría normativa de la argumentación, se ha sostenido que "si se tiene en cuenta la gravedad de las consecuencias procesales de su violación, aparece [éste] como uno de los principios fundamentales sobre cuya base se organiza todo el proceso. Naturalmente, se trata aquí de tutelar un derecho subjetivo; pero desde nuestra perspectiva, se trata también de garantizar que la argumentación, cuyo resultado será la sentencia, logre un nivel mínimo de calidad como argumentación. Porque una sentencia que se pronuncia *inaudita parte*, no sólo conculca un derecho subjetivo, sino que desvaloriza objetivamente la motivación en la que se funda. Más allá de proteger los intereses de las partes, esta *bilateralidad de la audiencia* –como a veces se le llama- es un mecanismo para preservar también la racionalidad de las decisiones. Si en el proceso una de las partes queda en situación de indefensión, la sentencia será arbitraria; y no dejará de serlo porque luego, un nuevo juicio, procesalmente irreprochable, culmine en una sentencia cuya parte dispositiva tenga su mismo contenido material. Ya se lo había advertido la Medea de Séneca a Créon: *quien ha decidido algo sin oír a la otra parte, aunque haya decidido lo justo, no ha sido justo*"[93].

En consecuencia, en el proceso por audiencias siempre se debe preservar la bilateralidad de la audiencia, con la finalidad de garantizar la racionalidad y legitimidad de la sentencia.

6. *La garantía de la cosa juzgada*

La garantía de la cosa juzgada, también conocida a través del aforismo latino *"non bis in idem"* o no dos veces lo mismo[94], persigue evitar la instauración de sucesivos procesos, entre las mismas partes, que actúen con el mismo carácter que en los procesos anteriores (elementos subjetivos), cuando la pretensión verse sobre los mismos hechos y con fundamento en el mismo título (elementos objetivos).

---

93   Piacenza, E.: "Audiatur et Altera pars", *Revista de Derecho*, N° 2, Tribunal Supremo de Justicia, Caracas, 2000, p. 195; en sentido similar, Hernández-Mendible, V. R.: "La inconsistencia argumentativa en el análisis del derecho a la defensa", *Revista Tachirense de Derecho* N° 13, San Cristóbal, 2001, p. 119.

94   Artículo 69.5 de la Constitución.

La garantía de la cosa juzgada es una exigencia de las sociedades civilizadas, que requieren conocer por razones de seguridad jurídica, de confianza legítima y de buena fe cuando un asunto ha quedado resuelto de manera definitiva.

Una vez que un asunto ha sido resuelto por una sentencia o por un acto de autocomposición procesal (conciliación, transacción o convenimiento) que haya sido debidamente homologado por el órgano jurisdiccional y que ha adquirido firmeza, aquélla o éste se tornan inimpugnables, al no poder ser revisados por ningún otro órgano jurisdiccional; se hacen inmutables, pues no pueden ser modificados ni por el tribunal que los resolvió, ni por ningún otro tribunal o poder del Estado; y también son coercibles, porque pueden ser ejecutados de manera forzosa.

Por tanto, la garantía de la cosa juzgada de expreso reconocimiento constitucional, cuenta con un amplio desarrollo legislativo que permite a las partes oponerla como cuestión previa en un proceso o invocarla para pedir la invalidación de una sentencia, así como también permite la posibilidad en el proceso, que el órgano jurisdiccional haciendo uso de su conocimiento privado o por notoriedad judicial, al encontrarse al tanto que el caso que le ha sido planteado para su conocimiento ya ha sido resuelto anteriormente por el mismo tribunal o por otro tribunal, deberá de oficio, declarar la inadmisibilidad de la demanda, garantizando así el orden público procesal.

7. *El derecho a no ser obligado a declarar contra sí mismo*

El derecho a no estar obligado a declarar contra si mismo[95], se protege a través de la garantía de no ser coaccionado para declarar en ningún tipo de proceso, mediante violencia física o moral.

Este derecho no impide la confesión de las partes en el proceso, que se obtiene cuando una de las partes del proceso realiza

---

95   Artículo 69.6 de la Constitución.

una declaración sobre los hechos controvertidos, desfavorables a su pretensión y favorables a los intereses de su contraparte.

La confesión se puede realizar de manera voluntaria ante un tribunal llamado a resolver el mérito del proceso (confesión judicial espontánea) o ante la parte o quien la representa (confesión extrajudicial espontánea), pero también se puede provocar a través de los medios que contempla el ordenamiento jurídico, los cuales al no implicar ningún tipo de coacción o violencia física o moral, no son contrarias a la Constitución.

8. *La garantía de la reserva legal*

La garantía de la reserva legal de expreso reconocimiento constitucional[96] exige que los órganos que ejercen el Poder Público, distintos al Congreso no se inmiscuyan en la función legislativa para regular materias que se encuentran exclusivamente atribuidas al Poder Legislativo.

Esta garantía demanda del legislador regular el ejercicio de los derechos fundamentales, las competencias de los poderes públicos o aquellas materias específicas de las cuales el interés general exige su intervención, mediante un acto jurídico de su competencia y en cumplimiento del procedimiento legislativo para la formación de las leyes, lo que excluye la posibilidad de regulación mediante actos reglamentarios o de otros actos administrativos normativos, los cuales de producirse serán nulos por haber sido dictados en usurpación de funciones[97].

Tal regulación exigida por la Constitución viene impuesta por la importancia político-jurídica que tienen los asuntos sobre los cuales se legisla, que no pueden quedar librados a la regulación de una autoridad pública, que no sea una manifestación de una expresión democrática de la representación de la voluntad popu-

---

96   Artículos 69.7 y 149 de la Constitución.
97   Artículos 6 y 73 de la Constitución.

lar y que no se haya producido como consecuencia del consenso en el marco de la tolerancia y el pluralismo político.

Es conforme a ello que el legislador debe expedir la Ley de la jurisdicción contencioso administrativa, que tiene su justificación en primer lugar, en la exigencia constitucional que este orden jurisdiccional lo ejerzan los tribunales superiores administrativos y los tribunales contencioso administrativos de primera instancia que determine la ley[98], es decir, que tales tribunales tienen atribuida su creación a la estricta reserva legal por disposición constitucional; en segundo lugar, porque es únicamente a través de la ley, fuente de donde emanan las competencias públicas, que se pueden atribuir a los órganos jurisdiccionales, las materias que les corresponderá conocer[99]; y en tercer lugar, es necesaria porque la regulación que garantiza el ejercicio de los derechos fundamentales es materia de reserva legal[100] y a través de la ley se garantizará tanto el ejercicio del derecho a la tutela judicial efectiva y al debido proceso, como de la protección de los demás derechos fundamentales[101] frente a las actuaciones de los órganos del Poder Público.

9. El derecho al juez natural

Toda persona tiene derecho a ser juzgada por su juez natural, lo que se traduce en que el juez tenga la competencia establecida en la ley para dirimir los conflictos sobre los derechos e intereses, que puedan surgir entre distintos sujetos de derecho. Ello supone un tribunal predeterminado en la ley, que sea previamente conocido e idóneo, en los términos que se mencionan a continuación.

---

98   Artículo 164 de la Constitución.
99   Artículo 164 de la Constitución.
100   Artículos 74.2 y 112 de la Constitución.
101   Artículos 68, 70, 71 y 72 de la Constitución.

a) *El tribunal predeterminado por la ley*

El tribunal determinado por la ley, es aquel creado conforme al ordenamiento jurídico para conocer de una o varias materias que le son asignadas en la norma jurídica legal. Toda potestad pública deviene de la ley y es ésta quien distribuye las competencias según las distintas materias, los ámbitos territoriales o los montos, es decir, la conformación de cada orden jurisdiccional debe ser establecida en la ley. Igualmente corresponde a la ley establecer la integración, la organización y los procedimientos para el funcionamiento del órgano jurisdiccional[102].

b) *El tribunal previamente conocido*

El tribunal previamente conocido, es aquel que existe con anterioridad al momento en que se producen los hechos que dan origen a que él deba ejercer su competencia, que permite que los sujetos de derecho en conflicto lo conozcan antes de que éste surgiere y ello les permite saber con certeza ante qué autoridad jurisdiccional deben acudir para plantear su controversia, lo que impide que se le pueda considerar como un tribunal *ad-hoc*, especial, de excepción o extraordinario[103].

Además el conocimiento previo de quién va a conocer de un asunto es primordial para las partes, porque únicamente así pueden saber si quien ejerce el cargo en el tribunal, se encuentra o no legalmente habilitado para sentenciar, por no encontrarse incurso en alguna causal de inhibición o de recusación.

c) *El juez idóneo*

El juez idóneo es aquel que sea auténticamente conocedor de la materia que le corresponde resolver. Esto se relaciona con una condición exigible de todo funcionario público y en particular a los que desempeñan la función jurisdiccional, que es la especia-

---

102   Artículo 164 de la Constitución.
103   Artículo 69.7 de la Constitución.

lidad. No es idóneo quien no tiene honestidad intelectual, quien no tiene la formación jurídica necesaria para realizar correctamente la función de administración de justicia. La honestidad no es exclusivamente un asunto de actuar con apego estricto a la ley, de no prestarse a ninguna clase de cohecho, prevaricación, soborno, componenda, de no solicitar recompensas o recibir agradecimientos, sino que también exige que quien ejerza el cargo de juez se encuentre profesionalmente capacitado para desempeñar la función jurisdiccional.

Sin embargo, no se trata de tener un título de abogado o de ser un conocedor del derecho en general, sino un auténtico jurisperito de la materia que se debe sentenciar. De allí que resulte igualmente deshonesto, que quien desempeñándose con una conducta moralmente intachable, ejerza un cargo para el cual no se encuentra académicamente preparado, pues está cobrando un salario por realizar una función pública para la cual no se encuentra profesionalmente capacitado, lo que en la práctica se traduce en una estafa a todos las personas, que como contribuyentes pagan el sueldo de ese funcionario judicial.

10. *El derecho al proceso legalmente establecido*

El proceso constituye la secuencia, serie o cadena de actos coordinados que se efectúan como consecuencia del ejercicio de la acción, para tramitar las pretensiones que han efectuado las partes y que tienen por finalidad excitar al Estado para que en ejercicio de su función jurisdiccional, resuelva la controversia y satisfaga las respectivas pretensiones, en aplicación del ordenamiento jurídico[104].

Es justamente dentro del proceso donde las partes despliegan todas sus estrategias procesales, donde van a argüir los plantea-

---

104   Hernández-Mendible, V. R.: *La tutela judicial cautelar en el contencioso administrativo*, Vadell Hermanos, 2ª ed., Caracas, 1998, p. 17.

mientos en favor de sus pretensiones, donde van a buscar convencer al órgano jurisdiccional que la razón y el Derecho los asisten.

El proceso tiene carácter instrumental, no es un fin en sí mismo, constituye la garantía del efectivo ejercicio de los derechos y como tal es un mecanismo fundamental para la obtención de la justicia.

Ahora bien, el debido proceso tiene una naturaleza compleja, por una parte constituye un derecho público subjetivo y como tal debe ser regulado a través de una ley, por constituir tales derechos una de las materias que son de reserva legal, pero debe señalarse que no existe un debido proceso único ejercitable ante todos los órdenes jurisdiccionales, sino que en función de los asuntos a dilucidar, el legislador tiene libertad de configurar el debido proceso en cada caso, teniendo como únicos límites los derechos fundamentales procesales y los principios constitucionales que informan el proceso.

Por la otra, el debido proceso también constituye una garantía del ejercicio del derecho a la tutela judicial efectiva, pues es dentro del proceso de cognición plena donde las personas ejercen el derecho a formular alegatos y llevan a cabo la carga de presentar los medios de pruebas, con la finalidad de obtener una sentencia ajustada a Derecho que resuelva la controversia.

En el proceso de cognición sumaria las personas ejercen el derecho a solicitar las medidas cautelares que garanticen la ejecución de la decisión que está llamada a resolver la controversia, siempre que se cumplan los presupuestos jurídicos para su concesión; y en el proceso de ejecución, se ejercita el derecho al cumplimiento del fallo en sus propios términos, sin lo cual la tutela judicial efectiva no se lograría.

Por último, pero no por ello menos importante, el debido proceso debe ser expedito y sin dilaciones indebidas, pues como expresa el brocárdico inglés, *justicia retrasada es justicia denegada.*

11. *El derecho a la prueba lícita*

Toda persona tiene derecho a promover libremente todos los medios probatorios, siempre que no sean ni ilegales, ni manifiestamente impertinentes[105], valga decir, que conduzcan a demostrar los hechos controvertidos en el proceso e igualmente tienen derecho a ejercer el control de los medios probatorios presentados por su contraparte a través de la formulación de la oposición, de la presentación de objeciones o impugnaciones, así como de cualquier otro mecanismo jurídico que permita enervar la eficacia de dichos medios probatorios.

En el proceso las pruebas transitan por diferentes fases: En dos de ellas intervienen tanto las partes como el órgano jurisdiccional y en la tercera exclusivamente éste. En la primera, corresponde a las partes la proposición o promoción de los medios de prueba y se requiere un pronunciamiento del órgano jurisdiccional sobre la admisibilidad de los mismos; en la segunda de producción o evacuación, en la que las partes ejercen el control de la incorporación de los hechos al expediente, existe igualmente una amplia actuación de las partes, sin perjuicio de la apreciación que efectúe el órgano jurisdiccional en la sentencia de mérito; y, en la tercera el órgano jurisdiccional efectúa una valoración de los medios de pruebas, con base en las reglas de la sana crítica, salvo norma legal expresa y se debe pronunciar sobre la convicción que le produjeron los mismos con respecto a los hechos controvertidos y las pretensiones de las partes.

Conforme al principio de la comunidad de los medios de pruebas, una vez aportados al proceso, éstos no son de quienes los promovieron, sino que se incorporan para demostrar los hechos controvertidos, pudiendo beneficiar o perjudicar a las

---

105   Artículo 69.8 de la Constitución.

partes que los promovieron. La única exigencia para que los medios probatorios puedan llevar a la convicción del juzgador que ellos constituyen auténticas pruebas, es que hayan sido aportados de manera regular y lícita.

La Constitución ha reconocido el *principio constitucional de exclusión*[106], en virtud de lo cual no deben producir efecto alguno en el proceso en que pretendan hacerse valer las pruebas obtenidas inconstitucional o ilegalmente, es decir, aquéllas obtenidas en contravención al Derecho y al respecto deberá pronunciarse expresamente el órgano jurisdiccional, bien en las fases de proposición, de producción o de valoración, al resolver sobre el mérito de la controversia.

12. *El derecho al recurso*

Toda persona tiene derecho al recurso, en los términos que determinen la Constitución y las leyes[107]. Hay que comenzar señalando que si bien es cierto que los tratados en materia de derechos humanos reconocen como un derecho humano, el doble grado de jurisdicción de una persona declarada culpable de un delito, es decir, en el orden jurisdiccional penal, éste como derecho humano en principio no resulta extensible a los demás órdenes jurisdiccionales.

El derecho al debido proceso que es de libre configuración del legislador, en ejercicio de las competencias constitucionales establecidas, se satisface con un único grado de jurisdicción, al igual que sucede con la tutela judicial efectiva[108]. De allí que

---

106 El artículo 69.8 de la Constitución establece que "Es nula toda prueba obtenida en violación a la ley".

107 Artículo 69.9 de la Constitución.

108 Hernández-Mendible, V. R.: "Balance y perspectivas de la justicia administrativa (Año y medio de la Constitución de 1999)", *Estudios de Derecho Público. Libro Homenaje a Humberto J. La Roche Rincón*, Tribunal Supremo de Justicia, Caracas, 2001, pp. 461-474.

salvo en materia penal, no sea exigible un segundo grado de jurisdicción o un derecho al recurso como componente integrante del debido proceso y por ende no resulte admisible invocar el principio de la doble instancia, frente a una norma expresa que lo contemple.

Lo anterior permite señalar que en principio, el derecho al recurso o a la doble instancia será ejercitable, siempre y cuando expresamente no lo limiten la Constitución o las leyes. En materia penal, el derecho al recurso o a la doble instancia constituye un componente esencial del derecho al debido proceso y en consecuencia por mandato del artículo 8.2.h) de la Convención Americana sobre Derechos Humanos, debe proceder en todo proceso de naturaleza penal.

Ahora bien, ¿qué sucede en los demás órdenes jurisdiccionales? La Constitución establece la posibilidad de recurrir todas las sentencias ante un tribunal superior, al señalar que *"toda decisión emanada de un tribunal podrá ser recurrida ante un tribunal superior, sujeto a las condiciones y excepciones que establezcan las leyes"*[109].

En consecuencia, en el orden jurisdiccional administrativo, las sentencias de los tribunales contencioso administrativo de primera instancia pueden ser recurridas ante los tribunales superiores administrativos[110] y las sentencias de éstos tribunales son susceptibles de ser recurridas en casación, de conformidad con lo que disponga la ley[111].

---

109   Artículo 149, párrafo III de la Constitución.
110   Artículos 165.1, 165.2 y 165.3 de la Constitución.
111   Artículos 154.2 y 164 de la Constitución.

13. *La garantía de prohibición de la reforma en perjuicio*

También se debe destacar que en los supuestos que la ley contemple el derecho al recurso contra una sentencia, el tribunal que revise la decisión del inferior no puede agravar la sanción impuesta, cuando la recurrente sea únicamente la persona condenada[112].

Esta prohibición pretende evitar que la persona que haya sido sancionada por una sentencia de un tribunal de inferior jerarquía, sienta temor de recurrir ante el tribunal superior para plantearle la revisión de la sentencia, ante la posibilidad de que este lo coloque en una situación más gravosa que la establecida en el fallo recurrido.

En el entendido que los poderes públicos deben interpretar y aplicar las normas relativas a derechos fundamentales y sus garantías en el sentido más favorable a la persona titular de los mismos, esta prohibición de *reformatio in peius* se debe producir, no solamente respecto a las sentencias que impongan sanciones, sino de todas las sentencias que impongan una condena de hacer, no hacer o dejar de hacer, es decir, que la prohibición de reforma en perjuicio se aplica a todas las sentencias condenatorias que sean recurridas por la persona contra la que pueda ser obligada a cumplirla, independientemente que imponga o no una sanción.

14. *El derecho a la asistencia jurídica*

Toda persona natural o jurídica, pública o privada, incluso aunque sea abogado tiene derecho a la tutela judicial efectiva y al debido proceso, entre cuyos atributos comunes se destaca el derecho a la defensa, lo que supone que para ejercerlo pueda contar con la asistencia de un letrado, es decir, ello supone que cuando una persona es citada o notificada para que acuda a un

---

112   Artículo 69.9 de la Constitución.

proceso a defenderse, debe comunicársele que tiene derecho a que un abogado de su confianza le asesore[113] y en caso que no conozca uno o no cuente con los medios económicos para contratarlo, el Estado se encuentra obligado a suministrarle una lista de abogados públicos para que elija uno o incluso a designarle un abogado que lo asesore o represente en el proceso de manera gratuita[114].

En razón de lo señalado, las personas tienen derecho a designar a los abogados de su confianza para que los representen u actúen en el proceso, pero el Estado debe asegurar que en todo caso, cuenten con asistencia jurídica letrada sin costo alguno, en aquellos casos que carezcan de recursos económicos para obtener una representación judicial que garantice no solo el derecho a la defensa y la tutela judicial efectiva, sino la lícita conformación del proceso.

15. *La garantía de la nulidad de los actos jurídicos*

La garantía de la supremacía de bloque de la constitucionalidad y del respeto de los derechos fundamentales se traduce en la nulidad de cualquier actuación (actos administrativos, contratos, actuaciones materiales, vías de hecho) o inactividad (silencio, abstenciones u omisiones) imputables a los órganos del Poder Público que violen, lesionen o menoscaben la vigencia de la Constitución o de los derechos fundamentales, en cuyo caso se considera que "toda ley, decreto, resolución, reglamento o acto contrarios a la Constitución"[115], serán nulos de pleno derecho por disposición constitucional.

Agrega la propia Norma suprema que igualmente se consideran "nulos de pleno derecho los actos emanados de autoridad

---

113 Artículo 8.1 de la Convención Americana sobre Derechos Humanos.

114 Artículos 176 y 177 de la Constitución.

115 Artículo 6 de la Constitución.

usurpada, las acciones o decisiones de los poderes públicos, instituciones o personas que alteren o subviertan el orden constitucional y toda decisión acordada por requisición de fuerza armada"[116].

Ahora bien, aunque la Constitución expresamente declarada la nulidad de pleno derecho en los supuestos antes mencionados, existe un deber fundamental de respetar los actos jurídicos de los poderes públicos[117], por lo que las personas no pueden limitarse simplemente a ignorarlos o desacatarlos, sino que deben acudir a las vías institucionales para lograr el reconocimiento de la nulidad de pleno derecho de esos actos jurídicos.

En el caso de la Administración Pública, el control de la legalidad (entendida en el sentido de bloque de la legalidad) se encuentra atribuido a los tribunales que integran el Poder Judicial[118] y dentro de este a la jurisdicción contencioso administrativa, en los términos que establezca la ley[119].

Esta garantía de la nulidad de los actos jurídicos, deberá ser ejercida por las personas titulares de derechos o intereses legítimos antes los órganos jurisdiccionales, a través de los procesos de constitucionalidad o legalidad contemplados en la Constitución.

En esencia éstos constituyen los derechos fundamentales de carácter procesal reconocidos en el bloque de la constitucionalidad, cuyo desarrollo y garantía se encuentran encomendados a la Ley de la Jurisdicción Contencioso Administrativa.

---

116   Artículo 73 de la Constitución.
117   Artículo 75.1 de la Constitución.
118   Artículo 138 de la Constitución.
119   Artículo 164 de la Constitución.

V. CONSIDERACIONES FINALES

Constituyendo la tutela judicial efectiva y el debido proceso las garantías de protección de los derechos fundamentales, sólo es posible hablar de verdadera Justicia, en un sistema de gobierno republicano y democrático que tiene como valores superiores el respeto a la dignidad de la persona humana, la libertad, la igualdad y el pluralismo político en el marco del Estado de Derecho.

Únicamente en un Estado democrático de Derecho tiene justificación la existencia del orden jurisdiccional administrativo, pues es en tal modelo de Estado donde éste puede constituirse en una auténtica garantía para la protección de los derechos fundamentales, frente a los exorbitantes privilegios y prerrogativas de los órganos del Estado.

De allí que los operadores jurídicos deben efectuar las necesarias reformas, pero no deben hacerse aisladamente, sino en el contexto de un proceso de transformación más complejo y completo que debe acompañarse con la modificación de la organización, de la infraestructura y la dotación de herramientas tecnológicas en los tribunales; de la formación de los jueces así como de la capacitación de los abogados, para garantizar la Democracia, la libertad y una justicia material, realmente adaptada a un auténtico y moderno Estado de Derecho[120].

El nuevo proceso administrativo debe caracterizarse por tener trámites simples, informales y sobre todo eficaces para resolver los conflictos, donde concurran las actuaciones escritas y las orales pero con predominio de éstas en los actos fundamentales y garantizando una justicia expedita y sin dilaciones indebidas.

---

120 Sobre todos estos aspectos, véase Hernández-Mendible, V. R.: "El proceso administrativo por audiencias", *Ley Orgánica de la Jurisdicción Contencioso Administrativa,* 2ª ed., Editorial Jurídica Venezolana, Caracas, 2011, pp. 153-220.

Allí se encuentra el gran reto que tiene por delante el Estado, la sociedad dominicana y sus operadores jurídicos, para lograr el efectivo cumplimiento de las disposiciones constitucionales, así como para alcanzar el bien común y la efectiva materialización de la justicia.

ÍNDICE GENERAL

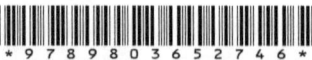